Antoinetta Vogels

DIARIO GUIDATO PER UN SANO SENSO DI SÉ

120 pratici suggerimenti per riconquistare la propria vita

BALBOA.PRESS
A DIVISION OF HAY HOUSE

I libri Balboa Press possono essere ordinati tramite le librerie oppure contattando:

Balboa Press
A Division of Hay House
1663 Liberty Drive
Bloomington, IN 47403
www.balboapress.com
844-682-1282

Copertina: Marco Scozzi – Illustrazioni: Laura Vogels

Le informazioni di stampa sono disponibili nell'ultima pagina.

ISBN: 978-1-9822-7300-2 (sc)
ISBN: 978-1-9822-7301-9 (e)

Revisione stampa Balboa: 09/07/2021

Dichiarazione
di non responsabilità

Il contenuto di questo libro viene presentato unicamente a scopo informativo ed educativo. Nessuna sua parte è intesa né presentata per curare, prevenire o diagnosticare in alcun modo malattie o condizioni fisiche, mentali, emozionali, spirituali, psicologiche, psichiatriche o mediche di alcun genere. Se avete problemi o invalidazioni di qualsiasi tipo, siete qui invitati a consultare un professionista competente, pertinente e titolato.

L'utilizzo del presente materiale non è un sostituto né è destinato ad alcun utilizzo connesso a servizi sanitari, psicologici, psichiatrici, medici, legali o di altro genere. L'autrice di questo libro non è psicologa qualificata e abilitata, né psichiatra, né professionista abilitata in pratiche sanitarie di alcun genere e né lei né il contenuto di questo libro ne rappresentano in alcun modo le pratiche o le procedure. Tutto ciò che viene presentato in questo libro è basato su una storia personale ed è frutto di quell'esperienza e non è stato (finora) testato e verificato attraverso i parametri della ricerca scientifica.

Vi viene notificato che, leggendo il contenuto di questo libro, diventate interamente responsabili di qualsiasi conseguenza diretta o indiretta o risultatante da questa lettura.

Leggendo quindi qualsiasi parte di questo libro, acconsentite a non essere nel diritto di ricevere indennizzi da chiunque sia associato con il libro stesso, e per ogni uso, cattivo uso o non uso che venga fatto di ciò che è qui incluso.

Dedica

A TE!
*Hai solo una vita da vivere,
assicurati che sia la tua!*

ANTOINETTA VOGELS

Indice

Prefazione

Cara lettrice, caro lettore,

Prova a immaginarti mentre stai facendo shopping accompagnato dai tuoi genitori, oppure dai tuoi amici, dal tuo o dalla tua compagno/a… Dopo aver visitato molti negozi, all'improvviso, ti ritrovi in una piccola bottega illuminata a malapena da una fioca lampadina e zeppa di scaffali che arrivano sino al soffitto. Percorrendo lo stretto corridoio si raggiunge il bancone principale dove il barbuto proprietario è seduto in attesa di un cliente. È un luogo fuori dal tempo e dallo spazio e per un attimo si fa fatica a rendersi conto di che ora sia o in quale parte del mondo ci si trovi!

Gli scaffali sono colmi di pergamene arrotolate provenienti da tutto il mondo, alcune più recenti, altre invece decisamente più antiche. L'uomo con la barba dietro al bancone vi accoglie con un sorriso caloroso, lodando la sua merce con toni appassionati. Si tratta di una persona capace di mettere i clienti a proprio agio: ispira fiducia, ha proprio l'aspetto di qualcuno che sa davvero cosa sia la vita! Con un po' di esitazione, vi avvicinate al bancone; l'uomo aspetta solo un cenno d'interesse per condividere con voi i suoi racconti preferiti.

"Tutte queste pergamene contengono perle di saggezza che ho raccolto durante i miei numerosi viaggi in giro per il mondo – dice l'anziano commerciante – ma non vivrò in eterno, perciò vorrei che li consultaste in modo tale da beneficiare, anche *voi*, delle scoperte che ho fatto durante la mia vita".

I rotoli di pergamena a cui si riferisce non sono particolarmente costosi, ma è evidente che ci sia qualcosa di particolarmente prezioso in ognuno di loro. "Guardati intorno e scegline uno per te. Poi prendine un altro da regalare alla persona amata o magari per sorprendere un caro amico oppure un familiare. Sono sicuro che potresti trovare qualcosa di interessante persino per il tuo vicino di casa!".

Cara amica lettrice, caro amico lettore, mentre sfogli questo libro, immagina di essere ancora in quel negozio; srotola ogni pensiero quotidiano come se fosse uno di quei rotoli. Fai tue quelle perle di saggezza ora offerte a te non più da un misterioso commerciante immaginario, ma da me, Antoinetta, creatrice e prima sperimentatrice del *Metodo del Senso di Sé*.

Se credi che "l'universo possa fornirti tutto ciò di cui hai più bisogno", allora prova ad aprire il libro in modo casuale e vedere cosa quella pagina ti proporrà per quel giorno. Prenditi tutto il tempo necessario per comprendere al meglio il messaggio letto; ripetilo durante il corso della giornata e, arrivata la sera, ti renderai conto di aver conquistato una porzione di saggezza in più che non ti potrà mai essere tolta. Questo metodo ti aiuterà a "modellare" la tua vita in modo più consapevole.

I concetti contenuti in questo *Diario Guidato* per un Sano Senso di Sé sono apparsi per la prima volta nel 2012 sulla pagina Facebook di Healthy Sense of Self negli Stati Uniti. Mi auguro che queste suggestioni possano portare intuizioni luminose e, infine, una maggiore consapevolezza di sé stessi.

Prefazione

Coloro che seguono regolarmente la nostra pagina italiana di Facebook (https://www.facebook.com/SanoSensodiSe) oppure il nostro sito in lingua inglese (www.Healthysenseofself.com) riconosceranno sicuramente i temi qui trattati, tutti basati sul *Metodo del Senso di Sé*.

Il ruolo di questo *Diario Guidato* è quello di insegnarti, nei prossimi giorni, durante le prossime settimane o nei prossimi mesi, a osservare meglio te stesso. Analizzare le tue esperienze quotidiane attraverso i concetti del *Metodo del Senso di Sé* ti porterà a farti una domanda fondamentale: "PERCHÉ faccio CIÒ che faccio?".

Le risposte che troverai ti condurranno verso la TUA più grande salute e felicità ristabilendo in te un Sano Senso di Sé.

Rispondere con tutta onestà alla domanda "PERCHÉ faccio CIÒ che faccio" è un'esperienza liberatoria. Il risultato finale di questo processo di conoscenza profonda di sé sarà la pace interiore!

Questo è ciò che auguro a ognuno di voi, perché sono certa che in questo modo trasformeremo il mondo in un luogo migliore!

Antoinetta Vogels, fondatrice di HEALTHYSENSEOFSELF®

Introduzione

Il *Metodo del Senso di Sé* è chiamato, in inglese, SoS (*Sense of Self*). SOS è un acronimo usato in caso di emergenza, giusto? Bene, non avere un Sano Senso di Sé è, in realtà, un problema e, di conseguenza, è una situazione di emergenza che la maggior parte di noi ha probabilmente sperimentato. Acquisire una conoscenza di sé più profonda non può che giovarci, poiché ci aiuta a funzionare meglio in questo mondo complesso.

La mancanza di un Sano Senso di Sé influisce su quasi tutti gli aspetti della vita: aumenta lo stress e porta una sensazione di solitudine, crea problemi relazionali, dubbi sull'essere un buon genitore, alimenta ansia e disperazione e porta, spesso, ad avere problemi di alcol o droga. D'altro canto, le persone con un Sano Senso di Sé hanno fiducia in sé stesse e sembrano avere successo in tutto ciò che fanno.

Hai la consapevolezza di essere una persona "reale"? Sai di avere il diritto di essere ciò che sei veramente? Oppure ti senti spesso inadeguato o arrabbiato senza una ragione precisa? Quante volte necessiti dell'approvazione degli altri per confermare a te stesso di "stare bene"? Vuoi che tutto vada esattamente nel modo in cui lo hai pianificato perché per te solo il risultato è importante? Sei costretto a vivere secondo limiti auto-imposti ai quali devi sottostare a tutti i costi?

Il *Metodo del Senso di Sé* è spiegato nei minimi dettagli nel libro *Sano Senso di Sé, come liberarti dalla dipendenza d'approvazione*, (*The Motivation Cure – The Secret to Being Your Best Self* nella versione americana); si tratta di un manuale di auto-aiuto che può esserti utile semplicemente leggendolo.

Il *Diario guidato per un Sano Senso di Sé, 120 pratici suggerimenti per riconquistare la propria vita* introduce le idee e le prospettive di questo metodo. Ti darà una mano ad avere una nuova panoramica di te stesso e, riflettendo sulle citazioni del giorno, ti verrà in aiuto nei momenti più svariati della tua vita.

Ciò che segue è un breve riassunto di come le persone sviluppano un Senso di Sé, sano o meno, e una spiegazione su come ottenere il massimo beneficio da questo piccolo libro.

Al fondo del testo (pagina 279) è incluso un Glossario di tutti i termini utilizzati dal *Metodo del Senso di Sé*, molti dei quali inclusi in questo *Diario Guidato*.

Perché alcune persone mancano di autostima?
(Un breve riassunto del Metodo del Senso di Sé)

Il modo in cui i bambini sviluppano un *Senso di Sé naturale* è determinato dal rapporto che i genitori, o chi per essi, instaurano con loro durante la prima infanzia. Se sei "visto e sentito" realmente e se i tuoi genitori si relazionano con te in modo tale da permetterti di essere veramente te stesso (per quanto giovane tu possa essere), automaticamente svilupperai una conoscenza interiore e la consapevolezza di essere "veramente te stesso"; saprai di avere il "diritto di esistere" e la libertà di "esprimere chi sei".

Tuttavia, succede spesso che i genitori, inconsciamente, ti considerino come una loro estensione. In realtà, nonostante ti forniscano cibo, riparo e amore, ciò che principalmente ti insegnano è adattarti ai loro bisogni e desideri, perchè, per evitare di essere da loro ignorato, respinto o addirittura punito, puntualmente, ti adatti!

Forse hai già sperimento la sensazione di dolore interiore o addirittura di panico, quando il messaggio che i tuoi genitori ti hanno rimandato (o che ancora ti rimandano) è: "Non sei come vorremmo che tu fossi! Per questo ti ignoreremo!". Consideri ancora fondamentale la loro approvazione e lotti per ottenere riconoscimento? La ricerca d'approvazione può diventare un atteggiamento compulsivo che, facilmente, porta a comportarsi come se si dovesse continuamente dimostrare agli altri di *non essere così brutti come loro pensano.*

Ogni volta, quindi, che riesci a compiacerli, ti senti bene con te stesso e, a lungo andare, questa sensazione diventerà l'unica ricercata veramente, perché *"Sentirsi bene con sé stessi"* diventa un *Senso di Sé sostitutivo* in quanto il tuo vero (Senso di) Sé in realtà è completamente assente. Di conseguenza, non ti senti a tuo agio con te stesso, e questo non solo è uno spreco ma anche una cosa malsana e pericolosa. Una volta adulto, potresti non sapere chi sei veramente, finendo con il cercare ancora l'approvazione altrui perché è il solo modo che conosci per minimizzare il terrore di essere invisibile.

Non stiamo parlando del senso di soddisfazione provato dopo un buon lavoro o dopo un incontro che ha dato i risultati desiderati. Le persone con un *Sano Senso di Sé* provano queste sensazioni in modo spontaneo, naturale. È normale essere felici per le gratificazioni nella vita quotidiana, a patto che il senso della tua esistenza *non si basi sull'approvazione altrui perché questo bisogno si accompagna ad angoscia, stress e ansia.*

Se riconosci che il bisogno di *"Sentirti bene con te stesso"* è qualcosa di più forte rispetto alla naturale soddisfazione per ciò che hai conseguito, allora sei consapevole di avere un problema.

Forse c'è un *Ordine del giorno nascosto* alla base del PERCHÉ fai ciò che fai. Non sarebbe un buon incentivo per spingerti a indagare sulle tue motivazioni interiori? Se sei stanco di rimanere sveglio durante la notte e vuoi concretizzare i tuoi sforzi, allora cercare di comprendere "PERCHÉ fai CIÒ che fai" potrà portarti la consapevolezza necessaria per sbrogliare i tuoi nodi personali e vivere felicemente.

Come ottenere il massimo da questo piccolo volume

Per poter davvero migliorare bisogna lavorare su sé stessi. Se non sei fra quelli che hanno avuto la possibilità di sviluppare un *Senso di Sé naturale*, forse è arrivato il momento di cominciare a "lavorare interiormente" per ristabilire il tuo *Senso di Sé*.

Durante i prossimi 120 giorni prova a utilizzare questo piccolo ma importante volume per meglio osservarti nella vita quotidiana.

Mentre rifletti sugli spunti proposti in questo *Diario Guidato*, domandati:

- DEVO veramente lavorare così intensamente ogni giorno?
- DEVO davvero farmi dominare da chi mi circonda?
- DEVO davvero essere sempre il migliore a tutti i costi?

Queste sono solo alcune delle infinite domande che potresti farti, e ognuna di esse condurrà ad altre domande ancora, che ti porteranno a guardare la tua vita da un livello più profondo.

Questo libro ha lo scopo di aiutarti a individuare quello che ti fa *"Sentire bene con te stesso"*.

Ma non basta! Assicurati che il tuo "sentirti bene" sia sano e chiediti se invece non potrebbe esserci qualcos'altro.

Hai un Obiettivo segreto? Quale potrebbe essere? CHI stai cercando di compiacere e PERCHÉ?

Non aver paura dei tuoi pensieri e di come reagisci ai fatti quotidiani anzi, scrivili! Puoi farlo direttamente su questo volume, nella pagina dedicata oppure sui margini del libro, o sul tuo diario personale. Con un pizzico di attenzione quotidiana potrai creare un archivio in continua evoluzione; tutto ciò che scrivi potrebbe sorprenderti e farti comprendere cosa rende te…TE! Lavora sui concetti proposti in questo libro, scopri come il *Metodo del Senso di Sé*, operando in sordina, può aiutarti a vedere te stesso in maniera più approfondita.

Questa è un'edizione tascabile, pratica da trasportare. Considera questo diario come un buon amico con cui condividere le domande e le sfide della vita: ritagliati anche solo cinque minuti al giorno per restare tranquillo e rilassato in sua compagnia!

Quando è stata l'ultima volta che hai dedicato un po' di tempo per riflettere sulla persona che sei diventata? Che cosa ti impedisce di vivere la vita pienamente? Sei davvero sicuro che nella tua vita il tuo Sé sia sempre presente?

In soli 120 giorni riuscirai ad avvicinarti al tuo *Senso di Sé naturale* e avere un *Senso di Sé ristabilito*. Immagina la sensazione! Tutti noi meritiamo di vivere intensamente le nostre vite con la consapevolezza di poter essere ciò che siamo perché, semplicemente, GIÀ SIAMO.

Senso di Sé

Giorno

1

Ci sono due sentieri diretti verso il tuo futuro:

uno, attraverso il luogo stabile del **Sé autentico**,
conduce a una vita produttiva e pienamente realizzata;
l'altro, attraverso la necessità dell'approvazione altrui,
porta alla frenesia, all'ansia e, infine,
alla spossatezza fisica,
emozionale e mentale:
alla malattia!

Potrai cambiare strada in qualsiasi momento,
ma più giovane sei,
più sarà facile capire quale via scegliere.

Assicurati di vivere la tua vita risiedendo
nel tuo spazio interiore, laddove hai la sicurezza
di essere realmente
TE STESSO.

Per raggiungere tale luogo sarà necessario scavare
più a fondo di quanto
TU non abbia mai fatto!

* Per le parole in **grassetto grigio** vedi il Glossario a pag. 279.

NOTE, PENSIERI E APPROFONDIMENTI

GIORNO

2

Pace

Posso contribuire alla pace nel mondo
gestendo al meglio il mio "Sé".

Gestendo al meglio il mio "Sé",
ovvero il mio corpo, le mie emozioni, il mio pensiero
e il mio piccolo mondo,
posso concretamente e sicuramente contribuire
al raggiungimento della

Pace nel Mondo!

NOTE, PENSIERI E APPROFONDIMENTI

GIORNO
3

Le tre M

Ecco le tre M, sintesi di un mondo ricco
di salute, pace e felicità:

Sii il *Maestro* della tua vita.

Sii il *Manager* del sistema chiamato TE.

Sii il *Manutentore* del tuo corpo, dei tuoi pensieri
e delle tue emozioni.

NOTE, PENSIERI E APPROFONDIMENTI

Giorno

4

Il "Sé"

Il tuo "Sé" ti deve appartenere.
Quindi, per cominciare
hai bisogno di sapere cosa sia il "Sé".

Il "Sé" è:

il mio corpo e ciò che posso fare con esso;
il mio pensiero e ciò che posso fare con esso;
le mie emozioni, la mia energia, la mia mente,
il "dono della vita",
la capacità di pensare con la mia testa
e utilizzare i miei sensi,
scegliere di stare da solo o in compagnia,
avere il diritto di accettare o rifiutare
ogni credo o religione.

Ci sono altre cose che fanno parte del tuo "Sé"?

NOTE, PENSIERI E APPROFONDIMENTI

GIORNO

5

IO SONO già

Il bisogno compulsivo di compiacere

deriva
dal desiderio ardente
di ricevere riconoscimenti
per chi e per come
TU sei.

Quello che puoi fare per te stesso
è smettere di pensare di non meritare di vivere.

Non devo "guadagnarmi" la vita!

IO SONO già.

Una domanda che puoi porti è:
"cosa penso realmente
di me stesso?"

NOTE, PENSIERI E APPROFONDIMENTI

GIORNO
6

Per quelli di noi
che hanno difficoltà a dormire

Come ti senti
Quando non riesci a dormire?

Cattivo, sporco, inadeguato, stupido, anormale?

Queste valutazioni sono tue?
Le hai proprio pensate tu?

Sei nel Qui e Ora?

Oppure c'è qualcuno nella tua testa
che pensa per te?

NOTE, PENSIERI E APPROFONDIMENTI

GIORNO
7

La Formula magica

"Sentirsi bene con sé stessi"
è un modo di pensare e di essere
che ci illude, per un attimo fugace,
di essere giusti abbastanza da essere
"autorizzati a vivere".
Questo schema deriva dal bisogno di approvazione da
parte del nostro educatore. Approvazione dalla quale
siamo diventati dipendenti.

In "Sentirsi bene con sé stessi"
se cancellate le parole "bene" e "con"
ciò che resta è:
"Sentirsi sé stessi".

In altre parole,
"Sentirsi sé stessi"
sarà l'antidoto contro la dipendenza
dal
"Sentirsi bene con sé stessi".

Nota: "Sentirsi bene con sé stessi" potrebbe anche essere il normale
risultato di un lavoro ben fatto (qualora non sia accompagnato da sintomi
di sovraeccitazione).

NOTE, PENSIERI E APPROFONDIMENTI

"Sentirsi-bene-con-sé-stessi"

La Formula magica

NOTE, PENSIERI E APPROFONDIMENTI

GIORNO
8

Per quelli di noi
che sono stakanovisti (1)

Prova a lavorare in maniera più rilassata
anche se a volte può essere complicato;

questo ti aiuterà a raggiungere quella libertà
che stai cercando con così tanta fatica.

NOTE, PENSIERI E APPROFONDIMENTI

"Sentirsi bene con sé stessi"

NOTE, PENSIERI E APPROFONDIMENTI

GIORNO
9

LIBERTÀ

Per sbarazzarti dalla dipendenza da un
Senso di Sé sostitutivo, visualizza una strada sicura
e colorala di verde.

Lungo questa strada sei consapevole del tuo corpo,
di quello di cui necessita.
Senti chi e cosa sei veramente.

Tutto ciò che sovraeccita o deprime
è parte di un cerchio rosso,
il cerchio della dipendenza
dal **"Sentirsi bene con sé stessi"**.

La nostra mente deve imparare ad allontanarsi dal cerchio rosso
della dipendenza da **Accumulare punti**
e passeggiare lungo il sentiero verde
del **Sé autentico**.
Questo è uno dei vari modi per ristabilire il tuo **Senso di Sé**.

Diventa meno dipendente
dai risultati delle tue azioni, conseguimenti o comportamenti.
Prova a sperimentare un numero sempre crescente
di aspetti del tuo vero Io.
Ricordati che la TUA vita riguarda TE e non
il subire ogni tipo di condizionamenti.

NOTE, PENSIERI E APPROFONDIMENTI

Giorno
10

Per quelli di noi
che hanno dipendenze (1)

La dipendenza si instaura
solamente
quando non sei a casa nel TUO Sé,
quando in casa non c'è nessuno!

Supererai la dipendenza
non appena avrai veramente percepito il tuo Sé
e ti renderai conto di avere troppo da perdere
per cedere a qualunque tipo di assuefazione.

NOTE, PENSIERI E APPROFONDIMENTI

GIORNO

11

Motivazione

Non è importante COSA fai,
ma PERCHÉ lo fai.

La chiave per conoscere a fondo te stesso è esaminare
le tue **Motivazioni**:
"Cos'è davvero importante per me?".

Le tue motivazioni sono sane oppure no?

La tua è una
Motivazione diretta
oppure una
Motivazione indiretta?

NOTE, PENSIERI E APPROFONDIMENTI

12

Per quelli di noi che sono musicisti

C'è una linea sottile che divide la dedizione
dalla compulsione.
L'antico detto:
"La pratica rende perfetti"
è tuttora valido,
ma
in conclusione
suoni come sei!

Sentire consapevolmente il tuo Sé
potrebbe darti i benefici che stai cercando.

Come si fa?

Leggendo questo *Diario Guidato* ad esempio.

Puoi anche leggere il libro
Sano Senso di Sé,
come liberarti dalla dipendenza d'approvazione[*].

---

[*] Vedi pagina 305 per ulteriori prodotti sul *Sano Senso di Sé.*

NOTE, PENSIERI E APPROFONDIMENTI

13

Rabbia

Ammetti di avere paura della tua ira e di volerla evitare,
perché la collera non si adatta alla tua immagine
di Sé ideale.

Se saprai riconoscere la tua ira
eviterai un'esplosione di RABBIA.

Chiediti anche:
"Perché devo rispettare quell'auto-immagine?"
"Perché non posso semplicemente essere me stesso?"

NOTE, PENSIERI E APPROFONDIMENTI

GIORNO

14

Paura della tua ira

Le tue emozioni, di solito, ti spaventano perché
non contribuiscono a farti raggiungere il tuo
Obiettivo segreto.

Ma quella paura è dannosa per la tua salute emozionale.

Se ignori i tuoi sentimenti, li eviti o li respingi
ti trasformi in un robot.

Osservati attentamente,
mentre liquidi con una risata
le situazioni sgradevoli.

Chiediti:
"Che cosa sento veramente?
E perché?".

E sii onestissimo con te stesso!

NOTE, PENSIERI E APPROFONDIMENTI

GIORNO
15

Le persone sono divise in due categorie:
quelle con un **Senso di Sé**
e quelle che ne sono prive.

Tutti siamo individui che stanno imparando,
cadendo e crescendo.

Ma quando il Senso di Sé viene a mancare
ogni azione è finalizzata a colmare il vuoto
lasciato dalla mancanza di autostima.

Diventa quindi una questione di vita o di morte
avere successo in tutto ciò che si fa
per poter colmare quel vuoto;
ma non è un comportamento sano.

Sarà forse questo il motivo per cui
tutti i tuoi sforzi risultano vani?

NOTE, PENSIERI E APPROFONDIMENTI

16

Auto-sabotaggio

Quello che comunemente viene definito
"auto-sabotaggio"
è sintomo di un
Sistema orientato al Senso di Sé sostitutivo.

Questo sintomo,
se correttamente interpretato,
può diventare
l'elemento
che ti riporterà
al **Sé autentico.**

NOTE, PENSIERI E APPROFONDIMENTI

Rompicapo

Non è tanto importante
COSA fai

bensì l'effetto che
"COSA fai"
ha su di TE!

NOTE, PENSIERI E APPROFONDIMENTI

Sano Senso di Sé

NOTE, PENSIERI E APPROFONDIMENTI

18

Che cosa posso fare con tutte queste informazioni sul Senso di Sé?

Posso curare me stesso e, di conseguenza,
curare il mondo.

Ci vorrà molto tempo,
ma, un passo alla volta,
un respiro per volta e
seguendo questo metodo,
il tuo **Livello di qualità della vita**
migliorerà notevolmente.

Se io lo faccio e se anche tu lo fai,
e tu, e tu, e anche tu...

saremo in cammino verso un mondo migliore!

NOTE, PENSIERI E APPROFONDIMENTI

GIORNO
19

Per ristabilire il tuo **Senso di Sé**
abbandona per un attimo la tua solita
modalità di pensiero.

Scopri di non essere soltanto una mente
impegnata con cose da fare
ma
che una consistente parte di te è rappresentata dal corpo:
piedi e gambe che camminano,
mani che possono dare...

Puoi aggiungere quel che manca
ma questa volta,
consapevolmente?

NOTE, PENSIERI E APPROFONDIMENTI

GIORNO
20

Qualche domanda per aiutare chi ne avesse bisogno:

È corretto che la tua vita giri sempre attorno a te?

"Non sono forse IO
il Re o la Regina
del mio universo?"

Non viviamo forse ognuno nella propria bolla?

Come sarebbe,
di tanto in tanto,
fare visita a qualcuno
nella sua sfera privata
o lasciare che questi entri nella nostra?

Di quanto spazio necessiteremo nella bolla altrui?
Nella bolla di un amico,
di un coniuge,
di una figlia o di un figlio?

NOTE, PENSIERI E APPROFONDIMENTI

Giorno

21

Ego-riferimenti (1)

Gli **Ego-riferimenti**
sono la conseguenza della tua
Strategia di sopravvivenza della prima infanzia,

quando da bambino, osservando i tuoi genitori,
ti sei chiesto:
"Come dovrei essere o cosa dovrei fare
per ricevere qualcosa
che assomigli
all'amore?"

Fai una lista dei tuoi Ego-riferimenti
e sarai sulla buona strada per liberartene.

NOTE, PENSIERI E APPROFONDIMENTI

GIORNO
22

Ego-riferimenti (2)

Se "mantenere la casa pulita"
è una compulsione
da assecondare per
"Sentirsi bene con sé stessi",
è possibile che
mantenere la casa pulita
sia un **Veicolo** che usi
per mettere in risalto
il tuo **Ego-riferimento**
di "essere pulito e organizzato".

Il tuo **Ordine del giorno nascosto** è, quindi,
dimostrare
al tuo genitore/educatore
che sei migliore di quanto pensino.

Il tuo **Obiettivo segreto**, potrebbe essere
il desiderio di sentirti finalmente accettato e riconosciuto,
diventando, quindi,
un **Senso di Sé sostitutivo!**

NOTE, PENSIERI E APPROFONDIMENTI

Ego-riferimenti (3)

Se "essere puntuale"
ti provoca sensazioni di ansia, frenesia
e stress,
è probabile che
"essere puntuale"
sia, per te, un **Ego-riferimento**.

Il tuo **Ordine del giorno nascosto** è dimostrare
al tuo genitore/educatore
che,
contrariamente a ciò che pensa,
tu PUOI essere puntuale.

Speri che,
vivendo all'altezza di questo Ego-riferimento,
il tuo genitore/educatore, finalmente, ti accetterà
e ti riconoscerà
come quell'amata figlia o figlio,
che tu, disperatamente,
vorresti essere.

NOTE, PENSIERI E APPROFONDIMENTI

GIORNO
24

Ancora riguardo gli Ego-riferimenti

Un **Ego-riferimento**
è un bisogno compulsivo di dimostrare
ai tuoi genitori/educatori,
e perfino a te stesso,
di avere molte più capacità
di quanto essi credano.

Gli Ego-riferimenti si sviluppano solo
se sei dipendente dall'approvazione altrui.

Questi formano il caposaldo
della **Motivazione indiretta** e dell'intero
Sistema orientato al Senso di Sé sostitutivo
che si manifestano quando

manca il **Senso di Sé**!

NOTE, PENSIERI E APPROFONDIMENTI

GIORNO
25

Paura & Stress

Nel *Metodo del Senso di Sé,*
paura e stress quotidiani
sono chiamati
paura e stress su un
Livello di qualità della vita.

È normale provare una minima quantità
di stress nella vita quotidiana.

Fino a quando
paura e stress non vengono vissuti
come una questione di vita o di morte.

In altre parole:
fino a quando il tuo **Senso di Sé**
non smetterà di dipendere da questo.

NOTE, PENSIERI E APPROFONDIMENTI

26

Soddisfazione

"Sentirsi bene con sé stessi"
su un **Livello di qualità della vita**
è un'esperienza normale e salutare.

È gratificante sentirsi soddisfatti per un lavoro
ben fatto.

Fino a quando questo non si trasforma
in un atteggiamento compulsivo,
un "devo" a ogni costo.

Fino a quando il tuo **Senso di Sé**
smetterà di dipendere da questo;
fino a che "Sentirsi bene con sé stessi"
non debba definire
chi sei o, addirittura,
CHE esisti.

NOTE, PENSIERI E APPROFONDIMENTI

GIORNO
27

Onestà

Essere assolutamente onesto con te stesso
è cruciale.
quando lavori
per arrivare a un **Senso di Sé ristabilito**.

Accorgiti di quando ti allontani dalla tua vera **Motivazione**.

Affrontati!
Non ingannarti!

NOTE, PENSIERI E APPROFONDIMENTI

"PERCHÉ faccio CIÒ che faccio?"
"PERCHÉ desidero CIÒ che desidero?"

Quanto sei onesto nel rispondere a domande come queste?

È possibile che ci sia dell'altro?

Onestamente, credi davvero nelle risposte che hai dato?
E quanto sono tue queste idee?

Interrogarsi sulle proprie motivazioni costituisce
uno strumento potente
per imparare a capire sé stessi.

Conoscere le proprie motivazioni è fondamentale
per poter poi andare nella direzione che si desidera.

NOTE, PENSIERI E APPROFONDIMENTI

29

Re o Regina

Ognuno di noi è
il RE o la REGINA del proprio universo.

Questo concetto implica
Che siamo NOI a gestire
il NOSTRO regno

ma implica anche
che
dobbiamo lasciare agli ALTRI la libertà di regnare
sui LORO regni.

In questo modo
realizzare un mondo di pace
diventa possibile.

NOTE, PENSIERI E APPROFONDIMENTI

GIORNO
30

Esisto già

Se riesco a percepire davvero il mio **Sé autentico**,
il mio respiro,
il mio battito cardiaco,
la mia sofferenza,
divento consapevole
di non essere dipendente
né dai risultati delle mie azioni
né da ciò che gli altri
pensano di me.

Perché?
Perché IO ESISTO già,
altrimenti non sarei in grado di percepire tutto ciò.

Forse il dolore ci aiuta a capire meglio?

NOTE, PENSIERI E APPROFONDIMENTI

Come essere Te stesso?

Esamina attentamente tutti gli aspetti che fanno parte di Te.
Accettali come prova della tua esistenza.

Tu ESISTI già.
Hai tutto ciò che ti occorre
per essere Te stesso.

Cancella il desiderio
di essere ciò che gli altri vogliono tu sia
per essere realmente chi sei.

NOTE, PENSIERI E APPROFONDIMENTI

GIORNO

32

Hai paura delle tue emozioni?

Le tue emozioni si presentano incontrollate e
quando meno te lo aspetti,
mentre stai lavorando a un
Ordine del giorno nascosto?

Quando non saremo più dipendenti
dai risultati dei nostri lavori,
dalle nostre azioni,
dai nostri comportamenti
o dal nostro **Senso di Sé sostitutivo**,
ci sarà spazio per le nostre emozioni
e non dovremo più averne paura.

NOTE, PENSIERI E APPROFONDIMENTI

33

Decisioni prese durante l'Infanzia

Pensi che la tua vita riguardi Te.
Ma, in realtà, hai solamente cercato di far funzionare
a tutti i costi
alcune decisioni prese durante la tua infanzia.

Per esempio
credere di dover arrivare a tutti i costi al successo
per sentirsi QUALCUNO.

Ricordi altre decisioni
prese durante la tua Infanzia?

Sono importanti per te?
Ti sono ancora utili?

NOTE, PENSIERI E APPROFONDIMENTI

34

Per quelli di noi
che sono su un percorso di rinnovamento

Io sono
innanzitutto
una persona.

Questo significa
essere un individuo autonomo,
unico,
del tutto indipendente.

Principalmente c'è "IO SONO"
poi arriva
"Io faccio".

Ciò che faccio non è ciò che SONO;
il fare necessita del mio essere
ma posso *essere*
anche senza fare.

NOTE, PENSIERI E APPROFONDIMENTI

GIORNO
35

Per quelli di noi
che hanno dipendenze (2)

La causa
di ogni dipendenza
è riconducibile a un

Senso di Sé assente

Un **Senso di Sé ristabilito**
è fondamentale
per superare qualsiasi tipo di dipendenza.

NOTE, PENSIERI E APPROFONDIMENTI

36

Per quelli di noi
che vogliono essere visti e ascoltati

Quando hai un **Senso di Sé assente**
è possibile che tu ti stia ingannando
vivendo secondo rigide condizioni auto-imposte.

Condizioni basate
sulle aspettative che il tuo genitore (educatore)
aveva nei tuoi confronti

perché hai creduto
che essendo un po' più "così"
o facendo un po' di "più"
il tuo educatore ti avrebbe guardato
in maniera più positiva e sarebbe perfino
riuscito a "vederti".

NOTE, PENSIERI E APPROFONDIMENTI

Senso di Sé assente

NOTE, PENSIERI E APPROFONDIMENTI

Giorno
37

Il mio **Sé autentico**
non dipende dai miei successi
o da ciò che gli altri pensano di me.

IO penso con la MIA testa
IO sento con il MIO cuore.

NOTE, PENSIERI E APPROFONDIMENTI

38

Sistema di Sopravvivenza

Per aiutarci nella vita quotidiana, utilizziamo
dei Sistemi di Sopravvivenza.

Quando sostituiamo un'abitudine con un nuovo sistema,
quello vecchio si sente minacciato,
tanto da difendersi accanitamente
nel tentativo di proteggerci.

Cerca di comprendere questo concetto
e sii gentile con te stesso
nel momento in cui cambi le vecchie abitudini.

Gentile ma ostinato!

NOTE, PENSIERI E APPROFONDIMENTI

Eredità

Sviluppare il tuo spirito critico
piuttosto che
subire i preconcetti che hai ereditato
fa la differenza
tra
il credere in te stesso
e il dubitare di te stesso.

NOTE, PENSIERI E APPROFONDIMENTI

GIORNO
40

Che cos'è che ti gratifica
quando raggiungi un obiettivo
che ti sei prefissato di compiere a tutti i costi?

Che cosa vuoi raggiungere realmente?

Quale vantaggio otterrai?

Ricordati che, in realtà, non cambierà nulla per te:
sarai sempre un essere umano mortale.

NOTE, PENSIERI E APPROFONDIMENTI

Pensa con la tua testa!

Come prendi le tue decisioni?

In base a ciò che è stato importante nel passato?
Oppure
in base a ciò che è importante nel presente?

Come capire la differenza?

Attiva le tue piccole, care, cellule grigie
invece di tuffarti a capofitto
negli automatismi appresi nel passato.

Perché potrebbero anche non appartenerti!

NOTE, PENSIERI E APPROFONDIMENTI

GIORNO
42

Vivi così come sei!

Le tue qualità esteriori
sono conseguenza
delle tue qualità interiori!

Conosci Te stesso!

Prenditi cura del tuo giardino interiore
in modo che la tua esistenza fiorisca con te!

NOTE, PENSIERI E APPROFONDIMENTI

GIORNO
43

Per quelli di noi
che desiderano essere più fedeli a sé stessi

L'ansia arriva quando la tua
Strategia di sopravvivenza della prima infanzia
è ostacolata da circostanze esterne,
oppure
QUANDO DECIDI DI CAMBIARE STRATEGIA.

Ebbene, sii paziente!
Esci dall'ansia!

Il benessere ti sta aspettando.

Rompere con i condizionamenti del passato
e cominciare a vivere la propria vita,
inizialmente può provocare ansia.

Ma una vita vissuta pienamente
sarà la ricompensa più bella!

NOTE, PENSIERI E APPROFONDIMENTI

GIORNO
44

Un **Sano Senso di Sé** è la spina dorsale
della psiche umana.

Quando viene a mancare
si rischia di trascurare la PROPRIA vita.

NOTE, PENSIERI E APPROFONDIMENTI

GIORNO
45

Ispirare

ogni individuo
ad acquisire
un **Sano Senso di Sé**
per sé stesso
e per i propri figli

è
il mio contributo
per la

Pace nel Mondo!

Mi aiuterai?

NOTE, PENSIERI E APPROFONDIMENTI

Obiettivo segreto

NOTE, PENSIERI E APPROFONDIMENTI

46

Senso di Sé ristabilito

Proviamo a raggiungere ognuno il proprio
Senso di Sé ristabilito;
uomini e donne,
adulti e bambini
tutti insieme!

Con un **Sano Senso di Sé**
non abbiamo bisogno di nessun consenso
per **"Sentirsi bene con sé stessi"**.

Siamo tutti uguali, tuttavia, ognuno di noi
ha caratteristiche assolutamente uniche.

Un Sano Senso di Sé è fondamentale
per celebrare le diversità!

NOTE, PENSIERI E APPROFONDIMENTI

GIORNO
47

Io voglio essere me stesso!
Tu vuoi essere te stesso.
Lui vuole essere sé stesso.
Lei vuole essere sé stessa.
Noi vogliamo essere noi stessi.
Voi volete essere voi stessi
Loro vogliono essere loro stessi!

Noi tutti vogliamo e dobbiamo
poter essere noi stessi!

Impegniamoci per ripristinare e rafforzare
il nostro **Senso di Sé**

perché

per poter essere pienamente noi stessi,
un **Sano Senso di Sé** è fondamentale!

NOTE, PENSIERI E APPROFONDIMENTI

48

Per quelli di noi
che soffrono di depressione

"Perché molte persone non sono mai depresse
mentre altre spesso lo sono?".

Perché le prime hanno un **Sano Senso di Sé**,
mentre le altre ne sono sprovviste!

Sforzati quindi di ristabilire
il tuo **Senso di Sé**.

NOTE, PENSIERI E APPROFONDIMENTI

Come essere padroni della propria vita?
Liberandosi dalla dipendenza da un
Senso di Sé sostitutivo.

"Sentirsi bene con sé stessi"
crea una dipendenza
in quanto,
essendo basato sull'approvazione altrui,
funziona come un Senso di Sé sostitutivo.

Ristabilisci il tuo **Senso di Sé**!
Sii presente a te stesso;
pensa con la tua testa;
sii consapevole del PERCHÉ fai CIÒ che fai!

Così facendo ti libererai dall'ossessionante
ricerca dell'approvazione altrui.

D'ora in poi potrai essere sincero con te stesso.

NOTE, PENSIERI E APPROFONDIMENTI

Per quelli di noi che sono imprenditori

Stai cercando un modo naturale,
economico e gratificante
per avere successo?

Impara a essere completamente TE STESSO!

Otterrai:

* l'indipendenza dai risultati per il tuo **Senso di Sé**;
* la consapevolezza dei tuoi obiettivi;
* la conoscenza dei tuoi punti di forza e delle tue debolezze.

Sarai disponibile per gli altri.

Lavorerai duramente ma non dimenticherai mai di vivere.
Avrai emozioni sane e tanta energia.

Le persone crederanno in te!

NOTE, PENSIERI E APPROFONDIMENTI

GIORNO
51

Se hai raggiunto un **Senso di Sé ristabilito**
sei molto fortunato
perché
ora utilizzi il tuo tempo
per fare ciò che ami veramente.

Il bello è che così facendo
avrai anche successo!

Per gli altri, quelli meno fortunati... be' anche
voi potreste imparare a fare lo stesso!

Come?
Innanzitutto sapendo che tutti
affrontiamo sfide nella vita!

Se il **Senso di Sé assente**
è una delle tue problematiche,
noi possiamo aiutarti a risolverle:

leggi il libro
Sano Senso di Sé,
come liberarti dalla dipendenza d'approvazione*
e aiutati a ristabilire il tuo **Senso di Sé**.

Hai bisogno di altro?

* Vedi pagina 305 per ulteriori prodotti sul *Sano Senso di Sé*.

NOTE, PENSIERI E APPROFONDIMENTI

GIORNO
52

Motivazione diretta

Perché alcune persone hanno più successo di altre?

Semplicemente
hanno la giusta **Motivazione.**

Noi del Sano Senso di Sé, nel *Metodo del Senso di Sé*[*]
la chiamiamo **Motivazione diretta.**

Quando le tue intenzioni non sono offuscate
da un **Obiettivo segreto,**
vengono recepite anche dall'universo
e tutto andrà per il verso giusto

[*] Vedi pagina 305 per ulteriori prodotti sul *Sano Senso di Sé.*

NOTE, PENSIERI E APPROFONDIMENTI

GIORNO
53

Identità di gruppo

Hai mai pensato al fatto che *un gruppo*
sia anche una "estensione di SÉ"?

L'essere umano è sempre stato vulnerabile;
nelle culture tribali per sentirsi al sicuro
era fondamentale *appartenere a un gruppo*.

Ai giorni nostri, invece, dobbiamo
assumerci la responsabilità
della nostra vita
e lasciare che gli altri facciano altrettanto.

L'appartenenza a un gruppo
non dovrebbe incoraggiare la dipendenza
né il bisogno di essere accettati.

Se solo potessimo passare dalla dipendenza
all'indipendenza e poi all'interdipendenza!

Sarebbe l'inizio del cammino verso
la Pace nel Mondo.

NOTE, PENSIERI E APPROFONDIMENTI

GIORNO
54

Questi pensieri, sono davvero i tuoi?

Un ottimo modo per iniziare a ristabilire
il tuo **Senso di Sé**
è renderti conto del fatto che spesso
non tutti i tuoi pensieri ti appartengono.

Inconsciamente potresti aver fatto tuoi
i giudizi dei tuoi genitori/educatori
riguardo a situazioni, persone
e perfino riguardo
a te stesso
e, come molti di noi,
potresti stare ancora lavorando duramente
per adeguarti
a quei giudizi.

Così da non avere più il tempo
per vivere la tua vita!

NOTE, PENSIERI E APPROFONDIMENTI

Senso di Sé sostitutivo

NOTE, PENSIERI E APPROFONDIMENTI

GIORNO
55

Coinvolgimento familiare

Hai mai considerato
che alcuni genitori
vorrebbero che
loro figlia/o fosse,
"esattamente così",
non perché questa sia la cosa migliore per lei/lui,
bensì la più conveniente per loro?

Inconsciamente vorrebbero
non una persona "reale",
non Sé stesso,
bensì
una loro *estensione*!

In questo modo contribuiscono alla formazione
di un **Senso di Sé sostitutivo** nelle proprie/i figlie/i,
privandoli del tempo e delle energie necessari
per poter pensare a sé stessi.

NOTE, PENSIERI E APPROFONDIMENTI

GIORNO
56

Essere succubi delle proprie aspettative
o del giudizio altrui...

Per molti di noi questa condizione è la norma.

È giunta l'ora
di assumerci le nostre responsabilità;
scoprire quali siano realmente
le nostre opinioni
e imparare a pensare
con la nostra testa.

"Quali sono i miei valori e quali i miei modelli?"
"Cosa penso di me stesso?"
"Qual è il mio punto di vista riguardo al mondo?"

"Quale scopo vorrei avesse la mia Vita?"

NOTE, PENSIERI E APPROFONDIMENTI

GIORNO
57

Bisogno di approvazione

L'abitudine
a dipendere dall'approvazione
dei tuoi genitori per **"Sentirsi bene con sé stessi"**
ti porta a dipendere
dall'approvazione anche di altre persone.

NOTE, PENSIERI E APPROFONDIMENTI

Giorno
58

Sacrificarti oppure non sacrificarti

Quanto sei disposto a sacrificare,
di Te stesso e della tua vita,
per una persona cara?

Quando diventa sacrificio?
Quando diventa dipendenza?
E quando, invece, è giusto
assecondare i desideri delle persone amate?

Queste sì che sono ottime domande!

NOTE, PENSIERI E APPROFONDIMENTI

59

Vivere in armonia

Vuoi vivere in armonia con la tua famiglia?
Con i tuoi genitori, i tuoi fratelli e le tue sorelle?

Per riuscirci

ognuno deve poter essere sé stesso
permettendo agli altri di fare altrettanto!

NOTE, PENSIERI E APPROFONDIMENTI

Giorno
60

Verifica della Motivazione

Uno strumento molto potente
per conoscere sé stessi
è interrogare la propria **Motivazione**.

Conoscere le tue motivazioni è fondamentale
per poter poi andare nella direzione che desideri!

NOTE, PENSIERI E APPROFONDIMENTI

Evitare i rimpianti!

Ricordati che, presto o tardi,
la tua, la mia e le nostre vite
giungeranno a una fine.

Può esserci qualcosa di più drammatico
del rendersi conto, al termine della propria vita,
di non avere vissuto veramente come si sarebbe voluto?

Ognuno di noi è individualmente responsabile
del proprio sentirsi realmente vivo... IN VITA.

NOTE, PENSIERI E APPROFONDIMENTI

Un Sano Senso di Sé è quel che ci vuole per sentirti pienamente Te stesso

Quando sei Te stesso
con un **Sano Senso di Sé**,
hai maggiori probabilità
di liberarti
dai molti problemi che ti affliggono quotidianamente:

problemi relazionali, problemi di apprendimento,
problemi di dipendenza,

e anche dai problemi economici,
di auto-sabotaggio,
paura di sbagliare,
violenza (anche domestica),
suicidio,
e perfino dagli

atti di guerra!

NOTE, PENSIERI E APPROFONDIMENTI

GIORNO
63

Costruire un **Sano Senso di Sé**
è l'unico modo
per contribuire veramente alla

PACE NEL MONDO!

Se ci riconosciamo come esseri umani unici,
indipendenti e autonomi
con il diritto di esistere
semplicemente perché esistiamo già;
se riconosciamo
di avere preferenze,
gusti ed emozioni personali
e la libertà di esprimerli
non possiamo non comprendere che tutto questo
vale ANCHE per gli altri.

Ecco. Ora ci sono molti meno motivi per

fare la guerra!

NOTE, PENSIERI E APPROFONDIMENTI

Senso di Sé ristabilito

NOTE, PENSIERI E APPROFONDIMENTI

Per quelli di noi
che sono stakanovisti (2)

Sei in difficoltà quando devi cancellare dalla tua lista
zeppa di cose da fare
qualche impegno preso?

In questo caso, dovresti chiederti
cosa ci sia sotto.

Il problema è davvero quello di riuscire a gestire tutto?

Oppure la difficoltà deriva dal fatto che hai
un **Ordine del giorno nascosto** di cui sei inconsapevole?

Auto-conoscenza è potere.

NOTE, PENSIERI E APPROFONDIMENTI

GIORNO
65

Siamo tutti terribilmente impegnati

MA

la trasformazione
e
un nuovo inizio
sono possibili
in ogni momento del giorno.

Il cambiamento
è solo questione di determinazione.

NOTE, PENSIERI E APPROFONDIMENTI

GIORNO
66

Per quelli di noi
che hanno ricadute

Ricadere nella dipendenza dal tuo
Senso di Sé sostitutivo
significa abbandonarti a un pilota automatico
autorizzato a guidare (ancora)
la tua vita.

Segni e sintomi possono essere
ansia e frenesia causate dall'incapacità
di realizzare compiti particolarmente impegnativi
oppure non essere all'altezza in determinate condizioni.

Probabilmente non riesci a dormire,
oppure sei sempre di fretta...

FERMA la ricaduta:
rinnova la consapevolezza che la tua vita ti appartiene
e
che sei libero di fare ciò che TU desideri
e di essere TE STESSO.

NOTE, PENSIERI E APPROFONDIMENTI

Perché?

Perché alcune persone hanno
un **Sano Senso di Sé**, naturale,
mentre altre invece
hanno un **Senso di Sé assente**
che le rende dipendenti da
un **Senso di Sé sostitutivo**?

Forse i genitori dei primi
sono stati in grado
di mostrare quanto effettivamente contino;
vedendoli e trattandoli come "veri" individui.

Genitori, considerate i vostri figli
quali persone reali
dotate di personalità propria
e con voce autonoma.

Facendo sentire loro
di essere considerati,
li renderete capaci di sviluppare
un Sano Senso di Sé.

E questo è il miglior dono che si possa ricevere!

NOTE, PENSIERI E APPROFONDIMENTI

68

Responsabilità condivisa

Come automobilista pensavo
che evitare un incidente stradale
fosse esclusivamente una mia responsabilità...
Poi realizzai che anche
gli altri guidatori devono porre attenzione
alla loro guida.

In modo simile

io non sono il solo responsabile dei litigi
e dei disaccordi che sfuggono di mano
nel corso della vita
ma condivido questa responsabilità
con tutti coloro con cui mi relaziono.

Che sollievo non dover portare questo fardello da soli!

NOTE, PENSIERI E APPROFONDIMENTI

69

Ridurre i rischi (1)

Percorrendo la strada
che conduce a un **Sano Senso di Sé**
migliorerai la tua salute generale,
sarai meno stressato
e, di conseguenza,
meno soggetto a essere attaccato
da virus e batteri.

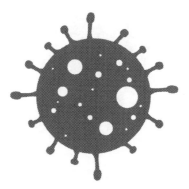

NOTE, PENSIERI E APPROFONDIMENTI

Ridurre i rischi (2)

Percorrendo la strada
che conduce a un **Sano Senso di Sé**
diventerai più efficiente sul lavoro.

Sarai meno stressato
e, di conseguenza,
meno soggetto a disturbi causati dallo stress da lavoro.

Un consiglio per i musicisti professionisti:
riducete la tensione muscolare dovuta allo stress!

NOTE, PENSIERI E APPROFONDIMENTI

71

Per quelli di noi
che mangiano e bevono troppo

Molti di noi, a cena, hanno l'abitudine
di bere o mangiare più del necessario
così da sentirsi ricompensati per il lavoro svolto
durante la giornata.

Ecco un rimedio economico
contro gli eccessi alimentari
e gli abusi da alcol e droga.

Basando i nostri comportamenti
su una **Motivazione diretta**,
otterremo dal nostro lavoro quella soddisfazione
che sarà la nostra ricompensa.

In questo modo, a lavoro concluso,
non avremo più bisogno di altre gratificazioni.

NOTE, PENSIERI E APPROFONDIMENTI

Basta rimandare!

Scopri cosa fa battere forte il tuo cuore!

SMETTI di essere schiavo
del tuo pilota automatico!

Senti tutto il peso della schiavitù
sulle tue spalle.

Domandati:
"Cosa mi fa gioire?"

E FALLO SUBITO!

NOTE, PENSIERI E APPROFONDIMENTI

73

Complicato

Spesso, quando siamo in fase di guarigione,
tendiamo a ricadere negli stessi errori che ci hanno portato
alla malattia.

Questo perché pensiamo di saperne più dell'Universo.

Sei pronto ad abbandonare
questa modalità
oppure hai ancora bisogno di servirtene?

NOTE, PENSIERI E APPROFONDIMENTI

GIORNO
74

Senso di Sé ristabilito

Quando sarai riuscito a conseguire
un **Senso di Sé ristabilito**
potrai, finalmente,
gioire e godere della vita.

Suona uno strumento;
canta;
pratica uno sport;
vai a passeggio o in gita;
aiuta un amico;
stai con la famiglia... oppure scrivi un libro.

Finalmente comprenderai perché al mondo
ci sono persone così felici:

perché ora lo sei anche tu!

NOTE, PENSIERI E APPROFONDIMENTI

Motivazione diretta

NOTE, PENSIERI E APPROFONDIMENTI

Per quelli di noi
che mangiano troppo

Di seguito alcune motivazioni che ci inducono a mangiare:

nutrirci;
coccolarci;
sentirci più forti;
ricompensarci;
masticare per sfogare la rabbia.

Ma, con un **Sano Senso di Sé**
ci sarà un'unica buona ragione per mangiare.

NOTE, PENSIERI E APPROFONDIMENTI

GIORNO
76

Ti sei mai chiesto perché tu debba lavorare
così duramente per poterti **"Sentire bene con te stesso"**
quando questa dovrebbe essere
una condizione naturale?

Sei realmente soddisfatto di ciò che fai
e per il modo in cui lo fai?

oppure c'è dell'altro?

Chiediti se ciò che ti fa compiere certe azioni
e avere determinati comportamenti non sia la ricerca
di gratificazione a tutti i costi.

Forse è arrivato il momento di ripristinare
il tuo **Senso di Sé**.

Sii presente
e cerca di comprendere che non è il risultato
delle tue azioni
ciò che ti rende una persona migliore.

NOTE, PENSIERI E APPROFONDIMENTI

GIORNO
77

Per quelli di noi
che sono pacifisti

Quante persone, tra quelle che conosci,
sono realmente sé stesse
e quante, invece, credono solo di esserlo?

Se non siamo cresciuti con
un **Sano Senso di Sé**,
lo dovremo acquisire.

Molti di noi cominciano a essere fedeli a sé stessi
solo in tarda età
quando cambiare
richiede ancora più fatica.

Ma è proprio questo lavoro che ci permetterà
di costruire un ponte
tra il Vecchio e il Nuovo Mondo.

Ora sappiamo educare i nostri figli in modo che possano
liberamente realizzare la loro personalità.

E, una volta compreso di possedere già
tutto ciò che occorre per essere sé stessi,
non abbiamo più nessun motivo
per fare la guerra.

NOTE, PENSIERI E APPROFONDIMENTI

Per quelli di noi
che sono insicuri

Cosa ne dici di sostituire l'ossessionante domanda,
quella che esprime la nostra insicurezza:

"E se non sono in grado di farlo...?"
con
"E se sono in grado di farlo...?"

Liberiamoci dal dubbio
instillato in noi da un genitore insicuro
perché questo è il vicolo cieco
che dobbiamo imparare a evitare.

È soltanto un riflesso condizionato.

Percorriamo la strada che ci farà cambiare il nostro pensiero
in:
"E se sono in grado di farlo...?"

Si aprirà un
Nuovo Mondo.

NOTE, PENSIERI E APPROFONDIMENTI

Per quelli di noi
che sono stakanovisti (3)

Quanto è allettante
identificarti completamente con la tua professione!

Ti senti bene con te stesso
quando svolgi con successo le tue mansioni?

Ti impegni per riprovare quella sensazione?

Ma se la compulsione è troppo forte
faresti meglio a domandarti:
"Chi sono io SENZA questa sensazione?"
È cruciale stabilire
se ne sei dipendente.

Nota: "**Sentirsi bene con sé stessi**"
come convalida del **Livello di qualità della vita**
è perfettamente normale.
Non c'è niente di sbagliato
nel sentirsi soddisfatti per un lavoro ben fatto,
a patto che il tuo **Senso di Sé** non dipenda esclusivamente
dai risultati ottenuti.

NOTE, PENSIERI E APPROFONDIMENTI

80

Per tutti noi

Siamo tutti sulla stessa barca!

Se solo riuscissimo a risolvere i nostri problemi,
non saremo più gelosi, avidi,
sempre sulla difensiva oppure arroganti,
perché
abbiamo già tutto
ciò che occorre per essere noi stessi.

Un messaggio per tutti:
"Siamo tutti uguali ma singolarmente differenti!"

NOTE, PENSIERI E APPROFONDIMENTI

81

Trova il tuo Sé

Dapprima, non avevo idea
di chi fossi,
né cosa significasse "Sé",
né dove trovarlo
o come connettermi
con lui.

Mi ci sono voluti trent'anni
per scoprirlo.

Ora tutto quello che ho imparato lo consegno a te,
perché tu lo possa usare a tuo vantaggio:
ripristina il **Senso di Sé** che è in te.

Leggi anche il libro
Sano Senso di Sé,
come liberarti dalla dipendenza d'approvazione[*].

Questi strumenti ti aiuteranno realmente
a guidare la tua vita
e anche a essere
utile alla comunità!

---

[*] Vedi pagina 305 per ulteriori prodotti sul *Sano Senso di Sé.*

NOTE, PENSIERI E APPROFONDIMENTI

Sei connesso al tuo Sé quando:

- sei presente nel tuo corpo;
- pensi con la tua testa;
- vivi nel Qui e Ora;
- accetti gli altri per quello che sono;
- conversi per trasmettere informazioni o per socializzare;
- lavori per raggiungere i tuoi obiettivi e per il piacere di farlo;
- la tua vita non è una "performance";
- sei cosciente di tutti i tuoi sensi;
- sai che è sempre presente il pericolo di ricadere nel "pilota automatico";
- sei in grado di vedere la tua esistenza come temporanea e preziosa;
- sei in grado di stare con le persone senza necessariamente avere bisogno di loro.

ORA sei pronto
per partecipare e contribuire a una

comunità sana!

NOTE, PENSIERI E APPROFONDIMENTI

Assicurati di continuare a lavorare su di Te
e fallo con convinzione:
ristabilisci il tuo **Senso di Sé**!
Questo è il miglior regalo che tu possa fare a te stesso
contribuendo, allo stesso tempo,
a rendere il mondo migliore!

Sei nato con questo potenziale
ma ti occorrono i feedback giusti
al momento giusto
per poterlo sviluppare correttamente.

Con un riscontro sbagliato o
senza alcun riscontro
il tuo Senso di Sé
diventa
come un albero curvo
e, proprio come quest'albero,
potresti appassire.

Puoi fare qualcosa al riguardo:
correggi il tuo Senso di Sé deformato
e consentiti di manifestare
il grande progetto della tua anima,
vivendo la tua vita al pieno del suo potenziale.

NOTE, PENSIERI E APPROFONDIMENTI

Motivazione indiretta

NOTE, PENSIERI E APPROFONDIMENTI

La lotta per l'esistenza

La forza che ti occorre
per essere presente a te stesso
e
poter ristabilire il tuo **Senso di Sé**
è paragonabile alla lotta
per la vita o la morte
dell'antilope fra gli artigli del leone.

NOTE, PENSIERI E APPROFONDIMENTI

GIORNO
85

Vivi a testa alta

Il nostro **Senso di Sé**
inizia con avere la consapevolezza del nostro corpo.

Troppo spesso
le nostre attività quotidiane ci assorbono a tal punto
da farci dimenticare perfino di avere un corpo.

È come se fossimo un cervello fluttuante
che necessita del successo
a ogni costo
come ricompensa per le mansioni che svolge.

NOTE, PENSIERI E APPROFONDIMENTI

Consapevolezza del corpo

Come avere una maggior consapevolezza
del proprio corpo?

Pronuncia ad alta voce il nome
di tutte le parti del tuo corpo;
degli organi
e di tutte le funzioni che riesci a ricordare.

Aggiungi a questo elenco
la tua mente,
le tue emozioni,
l'energia che hai a disposizione.

Potresti anche includere
"il tuo spirito".

Tutto questo sei TU
e non occorre adempiere ad alcuna condizione
per gioirne!

NOTE, PENSIERI E APPROFONDIMENTI

GIORNO
87

Il Senso di Sé
è la spina dorsale della nostra psiche;
senza di esso ci sentiamo
"come uno straccio!"

NOTE, PENSIERI E APPROFONDIMENTI

Lavorare su sé stessi…
cosa significa davvero?

Introspezione,
guardarsi dentro,
capire quale sia il proprio scopo,
chiedersi:

"Qual è il motivo che mi fa alzare
dal letto ogni mattina?"

In cosa consiste la TUA vera **Motivazione**?

Se la risposta non ti piace,
dai allora! Fai qualcosa!

Cerca una risposta valida,
che possa rendere la tua vita degna di essere vissuta.

NOTE, PENSIERI E APPROFONDIMENTI

GIORNO
89

Hai solamente una vita da vivere.

Assicurati
che sia davvero la tua!

NOTE, PENSIERI E APPROFONDIMENTI

Giorno
90

Essere connessi
al
e avere consapevolezza
del

TUO CORPO

diventa un'esigenza,
se davvero vuoi essere te stesso.

Il tuo corpo costituisce un'ampia
parte di TE STESSO.

Cosa saresti
senza di esso?

NOTE, PENSIERI E APPROFONDIMENTI

Per quelli di noi
che sono figli e genitori

Che cosa abbiamo noi tutti in comune?
Abbiamo, o abbiamo avuto, tutti
qualcuno che ci ha educato.

Siamo stati allevati e istruiti
da persone
spesso
insicure e bisognose…
proprio come noi;

solo ci sembrano un po' più grandi.

NOTE, PENSIERI E APPROFONDIMENTI

Giorno
92

A voi... bambini!

Anche i genitori sono persone!

Con i loro bisogni e con le loro insicurezze
non sempre fanno le scelte migliori
o si comportano nel modo giusto.

Comincia quindi ad aver fiducia
nelle tue opinioni e nei tuoi giudizi

e

sii ben certo
che siano veramente tuoi.

NOTE, PENSIERI E APPROFONDIMENTI

Ordine del giorno nascosto

NOTE, PENSIERI E APPROFONDIMENTI

GIORNO
93

A voi... genitori!

Contribuite
a ridurre l'odio
nel mondo
aiutando le vostre figlie e i vostri figli a fiorire
e a essere
sé stessi.

Siate con loro
totalmente,
al 100%.

Riconoscete la loro presenza nel mondo.
Mostrate loro che li vedete realmente
e accettateli per quello che sono
in modo che possano sviluppare
un **Sano Senso di Sé**
e vivere la loro vita!

NOTE, PENSIERI E APPROFONDIMENTI

GIORNO
94

Pensa con la tua testa

e accertati
che nessun altro si trovi
"nella tua mente al posto di comando"
a tirare le fila dei tuoi pensieri,
a dettar legge nella tua vita.

Guarda il mondo utilizzando il tuo giudizio
fresco e incontaminato.

NOTE, PENSIERI E APPROFONDIMENTI

Giorno
95

Nel momento in cui sei veramente te stesso
ed esprimi la tua opinione,
ti senti in armonia
e
libero da paure o frenesie.

Niente più palpitazioni
o
mani sudate

perché

sai che, per il tuo **Senso di Sé**,
nulla dipende da
quel che fai o dichiari.

NOTE, PENSIERI E APPROFONDIMENTI

96

La mia vita mi appartiene!

Assicurati di essere nel Qui e Ora.

Non permettere a nessuno di sussurrarti all'orecchio come dovresti comportarti e quali scelte dovresti fare…

"Grazie, ma questi sono il mio corpo e la mia vita."
"Sono io che prendo le mie decisioni."

NOTE, PENSIERI E APPROFONDIMENTI

GIORNO
97

Come essere te stesso?

Riconosciti
come un essere umano unico
e indipendente
anche se
chi ti ha educato non è stato in grado
di insegnartelo.

Hai già tutto ciò che ti occorre per essere te stesso
e questo è il tuo ruolo in questo mondo.

Così facendo aiuterai il pianeta a diventare
un luogo migliore!

NOTE, PENSIERI E APPROFONDIMENTI

Guarda gli alberi;
sono tutti diversi anche se simili fra loro.

Il tuo cervello è come un albero;
catene di neuroni si sono sviluppate in forme
permanenti come i rami di un albero.

Se solo potessimo sollevare la calotta cranica
per vedere chiaramente
quali aree del nostro cervello sono fiorenti
e quali devono invece combattere
per poter vedere la luce…

saremmo senza dubbio
più comprensivi
con noi stessi
e anche con gli altri.

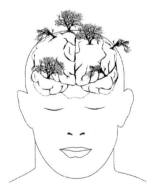

NOTE, PENSIERI E APPROFONDIMENTI

Ti invito
a disegnare il tuo "albero cerebrale".

Che forma ha?
Quali zone sono in equilibrio?
Quali altre sono invece sottosviluppate
se non addirittura assenti?

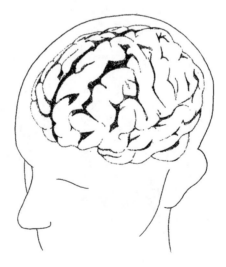

NOTE, PENSIERI E APPROFONDIMENTI

GIORNO
100

È molto più facile
avere un **Sano Senso di Sé**
quando siamo soli
rispetto a quando siamo in compagnia.

Sapendo questo,
da ora in poi, facciamo bene attenzione
a non perdere il nostro **Senso di Sé**
quando siamo insieme agli amici o con la famiglia!

NOTE, PENSIERI E APPROFONDIMENTI

Un **Senso di Sé**
è una gioia
perenne...

be'...
quando è
sano naturalmente!

NOTE, PENSIERI E APPROFONDIMENTI

Ego-riferimenti

NOTE, PENSIERI E APPROFONDIMENTI

102

Un po' di teoria

Uno dei termini utilizzati
nel *Metodo del Senso di Sé**
è
Ego-riferimenti.

Gli Ego-riferimenti sono quelle regole
che ti sei imposto
per sentirti all'altezza di vivere
poiché, da piccolo, ti sei reso conto
che l'approvazione di chi ti ha educato
ti faceva,
e ti fa ancora

"Sentire bene con te stesso"

* Vedi pagina 305 per ulteriori prodotti sul *Sano Senso di Sé.*

NOTE, PENSIERI E APPROFONDIMENTI

Domandati:
"Perché faccio questo lavoro?"
"Perché desidero conseguire questo risultato?"

Se la risposta è:
"Per ottenere l'approvazione di chi mi ha educato
e potermi *"Sentire bene con me stesso"*

allora
significa che non hai ancora imparato
a pensare con la tua testa.

Stabilisci quali sono i tuoi valori
e vivi sulla base di questi!

NOTE, PENSIERI E APPROFONDIMENTI

Come costruiamo un Sano Senso di Sé?
Come ristabiliamo il nostro Senso di Sé?

Affermazione 1*

Chiediti
se sei realmente in contatto con il tuo corpo

oppure

se sei distratto
dai tuoi pensieri...
dal lavoro da svolgere...
dalle persone che necessitano di riappacificarsi
con te – o fra di loro –
o da un qualsiasi altro problema
che ti preoccupa tanto.

* Per questa e per le prossime **Affermazioni** vedi le *Dodici Affermazioni del Senso di Sé* (pagg. 288 e 289).

NOTE, PENSIERI E APPROFONDIMENTI

105

Come costruiamo un Sano Senso di Sé?
Come ristabiliamo il nostro Senso di Sé?

Affermazione 2

Prova a stabilire
una connessione diretta
con Te stesso,
con le persone e con gli eventi.

In altre parole:
assicurati che le tue azioni, attività e comportamenti
non siano solo un **Veicolo**
per un **Senso di Sé sostitutivo**
che si manifesta come
il discutibile
"Sentirsi bene con sé stessi".

NOTE, PENSIERI E APPROFONDIMENTI

GIORNO
106

Come costruiamo un Sano Senso di Sé?
Come ristabiliamo il nostro Senso di Sé?

Affermazione 3

Cerca coscienziosamente
quali altre "figure" abitano la tua mente.

Quando giustifichi i tuoi comportamenti
stai realmente esprimendo la tua opinione e il tuo giudizio?

No?
Allora chi lo fa?

Cacdalo via!

NOTE, PENSIERI E APPROFONDIMENTI

Come costruiamo un Sano Senso di Sé?
Come ristabiliamo il nostro Senso di Sé?

Affermazione 4

Sii nel Qui e Ora.
Smetti di essere "ipnotizzato" dal passato
e cerca i pezzi mancanti che ti servono per sviluppare
un **Sano Senso di Sé**.

RICONOSCI TE STESSO
come un essere umano unico e indipendente;

con la propria vita, il proprio karma, i propri gusti,
le proprie preferenze e opinioni!

NOTE, PENSIERI E APPROFONDIMENTI

GIORNO
108

Come costruiamo un Sano Senso di Sé?
Come ristabiliamo il nostro Senso di Sé?

Affermazione 5

Ascolta attentamente la persona con cui parli.

Assicurati di vederla per quello che è.

Accertati che il tuo pilota automatico
non confonda quella persona
con un'altra appartenente
al tuo passato
e con la quale hai
un conto in sospeso!

NOTE, PENSIERI E APPROFONDIMENTI

Veicolo

NOTE, PENSIERI E APPROFONDIMENTI

GIORNO
109

Come costruiamo un Sano Senso di Sé?
Come ristabiliamo il nostro Senso di Sé?

Affermazione 6

Quando fai conversazione,
osservati bene e concentrati sul tuo obiettivo.
Non prolungare all'infinito il dialogo
solo per
"Sentirti bene con te stesso".

Dai più importanza
ai contenuti della conversazione
piuttosto che volere a tutti i costi raggiungere lo stato
del "Sentirsi bene con sé stessi".

NOTE, PENSIERI E APPROFONDIMENTI

Come costruiamo un Sano Senso di Sé?
Come ristabiliamo il nostro Senso di Sé?

Affermazione 7

Impara a INTERROMPERE il meccanismo
che ti fa prendere impegni al solo fine di
"Sentirsi bene con sé stessi".

Combatti il tuo senso distorto del dovere!

La tua vera **Motivazione** potrebbe non riguardare
COSA stai facendo ma
PERCHÉ lo stai facendo.

Scopri che cosa ti tiene prigioniero,
stai rischiando di non vivere appieno la tua vita!

NOTE, PENSIERI E APPROFONDIMENTI

Come costruiamo un Sano Senso di Sé?
Come ristabiliamo il nostro Senso di Sé?

Affermazione 8

Assicurati che la tua vita non stia diventando

una "performance" continua.

Accertati di *viverla* davvero.

NOTE, PENSIERI E APPROFONDIMENTI

Giorno
112

Come costruiamo un Sano Senso di Sé?
Come ristabiliamo il nostro Senso di Sé?

Affermazione 9

Uso i miei sensi con coscienza.

SONO perché
guardo e vedo veramente;
SONO perché
ascolto e sento veramente;
SONO perché
annuso e percepisco ciò che annuso;
SONO perché
sento l'erba sotto i miei piedi;
SONO perché
assaporo e godo dell'esserne capace.

Ascolto quindi SONO, vedo quindi SONO,
annuso quindi SONO
provo sensazioni quindi ESISTO,
assaporo quindi sicuramente ESISTO,
percepisco il mio **Sé autentico**.
Ho un Sano Senso di Me.

NOTE, PENSIERI E APPROFONDIMENTI

Come costruiamo un Sano Senso di Sé?
Come ristabiliamo il nostro Senso di Sé?

Affermazione 10

Anche se ho eliminato
la dipendenza da un **Senso di Sé sostitutivo**
devo ricordare che
la ricaduta è sempre in agguato.

Ne devo essere pienamente consapevole.

Se dovessi di nuovo ricaderci,
allora, con dolcezza e determinazione,
riprenderò
il sentiero
che porta al
Sano Senso di Sé.

NOTE, PENSIERI E APPROFONDIMENTI

Come costruiamo un Sano Senso di Sé?
Come ristabiliamo il nostro Senso di Sé?

Affermazione 11

Adesso che ho accesso al mio Sé,
sono pronto
a condividere la mia vita con gli altri.

Solo quando siamo emotivamente indipendenti
possiamo essere sanamente interdipendenti,
costruire una comunità ideale e
creare così
un mondo migliore.

NOTE, PENSIERI E APPROFONDIMENTI

Giorno
115

Come costruiamo un Sano Senso di Sé?
Come ristabiliamo il nostro Senso di Sé?

Affermazione 12

Quando riesco a sentirmi
posso essere davvero me stesso.
La mia felicità non dipende più dagli altri!
Sono rilassato;
non ho alcun **Obiettivo segreto**.

Ora che vivo mentalmente, emotivamente e fisicamente
con il mio **Sé autentico**
mi DONO incondizionatamente
perché
ora
mi offro per un Senso di Servizio.

Una comunità felice è costituita da
persone con un
Sano Senso di Sé.

NOTE, PENSIERI E APPROFONDIMENTI

NOI
individui con un **Sano Senso di Sé**,
non abbiamo bisogno di combattere,
per paura che ci venga
portata via
l'opportunità di
"Sentirsi bene con sé stessi".

Non abbiamo bisogno di cercare conferme all'esterno!
Sentirci bene con noi stessi
è il nostro stato d'Essere predefinito.

NOTE, PENSIERI E APPROFONDIMENTI

GIORNO
117

Se fra quello che DEVI fare
e quello che VUOI fare
c'è una grande discrepanza…

allora sei fortunato!

La maggior parte delle persone
non sa, infatti, quello che vuole.

Onora Te stesso
e non fare
quello che *dovresti*,
ma
assicurati di fare ciò che *vuoi* e ciò di cui *necessiti*!

NOTE, PENSIERI E APPROFONDIMENTI

Giorno
118

La conoscenza di sé
è
un'arma potente anche

CONTRO LA GUERRA!

NOTE, PENSIERI E APPROFONDIMENTI

GIORNO
119

Qual è la storia che scegli di fare tua?

Vorrei che il mondo fosse perfetto,
così da rendere felici i miei genitori che, a quel punto,
mi vedranno e mi riconosceranno
per quello che sono.
Magari mi tratteranno come una persona
vera e normale.

OPPURE

Ho il coraggio di ammettere
che il mondo è tutt'altro che perfetto;
quindi, anch'io posso concedermi
la libertà di non essere perfetto.
Potrò così apprezzare gli altri
senza giudicare
e farmi degli amici!

NOTE, PENSIERI E APPROFONDIMENTI

Un saluto a tutte le persone
con un **Sano Senso di Sé**!

Conoscete, per caso, qualcuno
con un Senso di Sé debole?

Se tutti noi ci impegnassimo
ad aiutare
le persone che conosciamo
a passare
da un **Senso di Sé assente**
a un
Senso di Sé ristabilito

facendo loro conoscere
il *Metodo del Senso di Sé...*

... otterremo certamente
un miglioramento del nostro karma!

NOTE, PENSIERI E APPROFONDIMENTI

NOTE, PENSIERI E APPROFONDIMENTI

NOTE, PENSIERI E APPROFONDIMENTI

Glossario

Accumulare punti

Ricercare il successo attraverso l'utilizzo di un *Veicolo* con l'unico obiettivo di raggiungere un proprio *Ego-riferimento*. Si accumulano punti per poter arrivare all'*Obiettivo segreto*, ossia ottenere un qualche tipo di approvazione esterna. Lo scopo di tale comportamento è un *"Sentirsi bene con sé stessi"* che funziona come un *Senso di Sé sostitutivo*.

Annientamento

Forte senso di abbandono; un non sentirsi visti né ascoltati, pensare di non essere tenuti in considerazione né di avere alcun impatto su ciò che ci circonda. Tutto ciò viene vissuto come forma di non-esistenza.

Buco nero

Metafora che indica un'intollerabile, terrificante "invisibilità", sperimentata a livello subconscio da chi non si sente una "persona reale". Il Buco nero, come una forza della natura, risucchia comportamenti e azioni al fine di colmare sé stesso con un *Senso di Sé sostitutivo*.

Conflitto interiore

Lotta tra due o più istanze autoimposte, in competizione e incompatibili tra di loro messe in atto per poter ottenere un *Sostituto Senso di Sé*. Questa competizione interna non porta ad alcun risultato, se non a sperimentare un'elevato livello di ansia.

Ego-riferimenti

Sono quei presupposti, accettati inconsciamente, che ci permettono di raggiungere un'approvazione esterna, mediante comportamenti studiati per ottenere quei risultati che ci fanno sentire una persona "reale".

Formula magica

È lo schema per comprendere l'essenza del *Metodo del Senso di Sé*. Ci si allontana dal volere a tutti i costi *"Sentirsi bene con sé stessi"* e si cerca la maniera corretta per percepirsi e avere, così, la piena conspevolezza del proprio corpo, delle proprie emozioni e della propria mente.

Invischiamento

Relazione malsana tra il bambino e il suo principale educatore. L'identità e le motivazioni del bambino sono strettamente intrecciate con quelle dell'adulto tanto da provocare nel bambino un'eccessiva necessità di approvazione.

Livello di qualità della vita

La reazione emotiva in sintonia con l'intensità reale degli eventi della propria vita. Questa è un'indicazione di un *Sano Senso di Sé*.

"Mirroring" - Rispecchiamento

Quei processi inconsci, verbali e non verbali, con i quali il genitore/educatore trasmette un feedback primario al bambino. Tale feedback è adeguato quando l'educatore si relaziona al bambino quale individuo reale e indipendente; oppure inadeguato, se l'educatore usa il bambino come mezzo per soddisfare i propri bisogni emozionali. Il bambino si riflette in questa dinamica accettandola come pura verità. Il potersi rispecchiare correttamente è decisivo per lo sviluppo di un *Sano Senso di Sé*.

Modalità attenzione

Movimenti degli occhi rilassati, capaci di rimanere concentrati a lungo su un obiettivo, indicano uno stato d'animo radicato e una persona con un *Sano Senso di Sé*.

Modalità scansione

Quando gli occhi di una persona si muovono inquieti alla ricerca del modo migliore per *Accumulare punti*, in modo da poter soddisfare la necessità di approvazione e *"Sentirsi bene con sé stessi"*.

Motivazione

Ciò che crea un incentivo, un impulso a fare o non fare qualcosa; è ciò che determina un comportamento in base ai propri desideri.

Motivazione diretta

È quella motivazione basata sul presente. È uno degli indicatori di un *Sano Senso di Sé* perché la persona è spinta da motivazioni sane a fare o non fare determinate azioni. L'incentivo è puro, semplice, diretto e non provoca un *Conflitto interiore* o un *Ordine del giorno nascosto*.

Motivazione indiretta

Entra in azione quando la *Motivazione* non è quel che sembra, bensì si è sviluppata per raggiungere il temporaneo stato emozionale del *"Sentirsi bene con sé stessi"* che sostituisce la sensazione di essere una persona "reale".

Obiettivo orientato al Senso di Sé sostitutivo

È quando si utilizza la *Motivazione indiretta* per convincere il genitore a passare da un opinione negativa a una positiva e potersi così sentire una persona "reale".

Obiettivo segreto

L'obiettivo più profondo dell'inconscio, ossia ottenere l'approvazione dell'educatore. Questo obiettivo è però solo un malsano sostituto del riconoscersi come una persona "reale".

Ordine del giorno nascosto

Si tratta di un fine inconscio che guida azioni e comportamenti. Non è lo scopo reale, ma la dimostrazione dell'abilità di realizzare un *Ego-riferimento* alla perfezione, seguendo un percorso automatico verso il proprio *Obiettivo segreto*.

Ostacolo

Qualsiasi difficoltà che induce a momenti di rabbia e che può portare episodi di violenza o alla sua controparte: la depressione.

Paura dell'Annientamento

È il timore di essere invisibili agli occhi degli altri. Questo concetto non può essere interiorizzato appieno senza prima aver compreso la definizione di *Annientamento*.

Relazione diretta con sé stessi

Modo sano di relazionarsi con sé stessi, che significa essere in grado di sperimentare il proprio Sé senza doversi confrontare con i propri successi o con il parere altrui.

Relazione indiretta con sé stessi

È quando si crede di potersi percepire solo in virtù di responsi esterni ottenendo così un benessere transitorio anziché un permanente *Senso di Sé*.

Sano Senso di Sé

Capacità di sperimentare e di essere presente a sé stessi e nella propria vita, riconoscendo che le proprie decisioni sono campi di espressione esclusivi. Ne consegue il sentirsi in diritto di vivere, così da sperimentare la propria "essenza".

Sé autentico

È l'integrazione di corpo, emozioni e mente che porta a fare esperienze in modo sano; le azioni e i comportamenti sono conseguenza della vita reale e non influenzate da motivazioni patologiche.

Senso di Sé

Consapevolezza conscia o inconscia di ESISTERE quale persona unica e autonoma.

Senso di Sé assente

Caratteristica di chi non ha mai sviluppato la sana e costante consapevolezza di essere una persona reale e indipendente.

Senso di Sé naturale

Si tratta della consapevolezza, normalmente sviluppata durante l'infanzia, di essere una persona "reale" e indipendente, con il diritto di esistere a prescindere da ciò che gli altri possano dire o pensare.

Senso di Sé ristabilito

È il risultato del lavoro compiuto con il *Metodo del Senso di Sé*, ossia la guarigione dalla dipendenza da un *Senso di Sé sostitutivo*. Consiste nell'arrivare ad avere la ferma consapevolezza di essere una persona vera, libera di vivere in base alla propria essenza, alle proprie preferenze, abilità e limiti. È l'intima coscienza di essere indipendenti dal nostro genitore o educatore; liberi da ogni dipendenza da risultati o approvazione. Si ha la solida percezione di essere incondizionatamente vivi e reali.

Senso di Sé sostitutivo

Struttura psico-emozionale che si sviluppa nei bambini, quasi come se fosse la spina dorsale della loro psiche, che hanno avuto educatori che li vedevano come un'estensione di sé stessi inducendoli a un orientamento compulsivo al fine di conseguire approvazione.

"Sentirsi bene con sé stessi"

Stato emozionale, di relativo benessere e sicurezza, derivato dall'ottemperare con successo i desideri dell'educatore. L'approvazione ricevuta riduce la pressione a produrre determinati risultati a tutti i costi, ma solo in modo temporaneo e quindi non sano. Questo stato è solo una pallida imitazione del sentirsi veramente vivi.

Sistema orientato al Senso di Sé sostitutivo

È quell'insieme di esigenze, comportamenti, motivazioni, abitudini, convinzioni, finalità e paure che agisce nella persona con l'obiettivo di ottenere approvazione esterna. Questo meccanismo diventa la base di un modo di vivere malsano.

Specchio distorto

Si instaura quando l'educatore primario, troppo preso dai suoi problemi e dalle sue esigenze emozionali, è incapace di riconoscere il bambino come un essere indipendente; il riflesso che quindi trasmette risulta distorto. Il bambino, inevitabilmente, fraintende quel che vede riflesso; questa conclusione è comprensibile ma del tutto scorretta, con ripercussioni potenzialmente negative su larga scala.

Strategia di sopravvivenza della prima infanzia

È l'insieme di comportamenti, meccanismi e tattiche nati per sopravvivere alla mancanza di riconoscimento e sviluppati fin dalla prima infanzia. Questa strategia si perpetua fino all'età adulta portando alla ricerca continua di approvazione per *"Sentirsi bene con sé stessi"*.

Veicolo

Attività o comportamento che viene utilizzato per dimostrare abilità specifiche o tratti caratteristici (*Ego-riferimenti*) finalizzata a ottenere approvazione per *"Sentirsi bene con sé stessi"*.

Verifica della Motivazione

Si tratta di uno strumento cruciale, che serve a riconoscere la propria *Motivazione* (*Indiretta*) e registrare i propri *Ego-riferimenti* e *Ordini del Giorno Nascosti*, per arrivare a capire qual è l'*Obiettivo segreto*.

Voce genitoriale interiorizzata

Sono quei messaggi, verbali e non, trasmessi, consapevolmente o meno, dai genitori ai figli che si impiantano nella mente del bambino fino a essere percepiti come verità assoluta.

Le Dodici Affermazioni del Senso di Sé

Sono pronto a fare parte di
una comunità sana

XII

Sono pronto
a condividere **XI**
la mia vita con gli altri

La mia vita e il mio
I corpo mi appartengono

So che le ricadute
sono sempre **X**
in agguato

Percepisco me
II stesso in modo
diretto

Le mie azioni
non hanno **IX**
secondi fini

Sono presente
III nel Qui e Ora

Converso per
trasmettere **VIII**
informazioni oppure
per socializzare

Penso con
IV la mia testa

Vedo il mio prossimo **VII**
così com'è

V
VI Ho piena consapevolezza
di tutti i miei sensi

Ho libero accesso ai miei
sentimenti, alle mie preferenze
e alle mie opinioni

Le *Dodici Affermazioni del Senso di Sé* sono la chiave per curare la tua motivazione e per la liberare il tuo Sé migliore.

Prenditi un momento per familiarizzare con queste affermazioni. Alla fine, finirai per conoscerle a memoria. Tuttavia, prima dovrai imparare a riconoscere le motivazioni così da ottenere la consapevolezza di quali siano state le esperienze della tua prima infanzia. Solo allora sarai in grado di liberarti dalle catene che ti costringono a una versione di te stesso fasulla.

Le Dodici Affermazioni del Senso di Sé

1. La mia vita e il mio corpo mi appartengono.
2. Percepisco me stesso in modo diretto.
3. Sono presente nel Qui e Ora.
4. Penso con la mia testa.
5. Ho piena consapevolezza di tutti i miei sensi.
6. Ho libero accesso ai miei sentimenti, alle mie preferenze e alle mie opinioni.
7. Vedo il mio prossimo così com'è.
8. Converso per trasmettere informazioni oppure per socializzare.
9. Le mie azioni non hanno secondi fini.
10. So che le ricadute sono sempre in agguato.
11. Sono pronto a condividere la mia vita con gli altri.
12. Sono pronto a fare parte di una comunità sana.

Benefici di un
Sano Senso di Sé

Di seguito alcuni benefici che il *Metodo del Senso di Sé* aiuta a realizzare, divisi per categorie, in modo da facilitare la consultazione.

Educazione dei figli

- Maggiore pazienza
- Migliore gestione dell'educazione dei figli
- Meno episodi di rabbia e di turbamento in famiglia
- Più rispetto per i bambini
- Come conseguenza nei bambini aumenta la capacità di apprendimento

Relazioni Affettive

- Maggiori possibilità di dare e ricevere amore
- Minor bisogno di esercitare un controllo sulle situazioni e sugli altri
- Più compassione, empatia e tolleranza; meno ostilità
- Migliore capacità sociale con amici, familiari e colleghi
- Migliore capacità di comunicazione
- Incidenza di divorzio più bassa

Anziani (i nostri genitori quando invecchiano, *noi stessi* quando invecchiamo!)

- In generale, una salute migliore
- Statisticamente, una minore incidenza di patologie
- Più soddisfazione

Auto-aiuto

- Minore livello di stress
- Uno stato d'animo più rilassato
- Un apparato digerente più efficente
- Assenza di meccanismi di auto-sabotaggio
- Meno emicranie
- Miglioramento della qualità del sonno
- Migliore forma fisica
- Maggiore vivacità
- Maggiore integrazione nella società

Ansia e Disperazione

- Meno attacchi di panico
- Diminuzione dei sintomi depressivi: ci si sente meglio, si pensa con più lucidità, ci si sente più vivi e presenti
- Assenza di pensieri o istinti suicidi; gioia di vivere, felicità, successo
- Maggiore accettazione di sé e, di conseguenza, anche del prossimo

Comportamenti di Dipendenza

- Minore abuso; abitudini più sane
- Minor dipendenza (da shopping, sesso, internet, TV, gioco d'azzardo, cibo ecc.); più moderazione

- Minore ossessività
- Maggiore autostima
- Miglioramento delle relazioni

Comportamenti Violenti

- Meno comportamenti non controllati, come ad esempio gli scatti d'ira
- Minore violenza e abusi verbali
- Comportamento più responsabile
- Meno guerre

Comportamenti Criminali

- Buonsenso; maggiore presenza
- Migliore equilibrio tra cuore e cervello
- Migliore consapevolezza di come funziona la società
- Problemi economici risolti o ridotti

Esibizioni artistiche

- Maggiore agio nell'esprimere sé stessi
- Minore paura del fallimento (paura da palcoscenico)

Società, Comunità, Mondo

- Maggiore compassione ed empatia
- Migliore capacità di comprendere il proprio potenziale, i propri limiti e talenti
- Preferenze, gusti e opinioni più chiari e convinti

Salute e Benessere Generali

- Migliore salute
- Assenza di nausea

- Meno incidenti dovuti alla mancanza di concentrazione
- Affaticamento degli occhi ridotto
- Maggiore pace interiore

Successo nel Lavoro

- Più successo negli affari e maggior "performance" (*Motivazione diretta*)
- Si è meno inclini agli infortuni (professionisti) e alle lesioni (musicisti) grazie a muscoli più rilassati
- Maggiore capacità di raggiunger i propri obiettivi (*Motivazione diretta*)
- Migliore capacità di concentrazione
- Pronti al lavoro di squadra
- Maggiore motivazione

Realizzazione Personale

- Più sicurezza in sé stessi
- Qualità della vita migliorata
- Più facilità nell'affrontare e accettare sé stessi
- Capacità di auto realizzazione
- Si affrontano le critiche evitando reazioni esagerate
- Sentirsi a proprio agio con sé stessi
- Sentirsi a proprio agio in mezzo agli altri
- Consapevolezza dei propri obiettivi
- Flusso della vita migliorato
- Maggior vicinanza alla propria essenza

L'Autrice

Antoinetta Vogels è nata in Olanda nel 1946, alla fine della Seconda guerra mondiale. Ricorda vividamente i racconti del padre circa gli orrori del conflitto, mentre camminava con lui tra le rovine della sua città nativa, Groninga (Groningen).

Fu da bambina che prese la ferma decisione di fare qualcosa per opporsi alla guerra.

Cresciuta con una mancanza di Senso di Sé e alla continua ricerca di ciò che mancava nella sua vita, già sentiva che la vita le avrebbe offerto un'opportunità per contribuire alla conoscenza dei comportamenti umani.

Ex fagottista presso varie orchestre professioniste olandesi, Antoinetta era una musicista disciplinata che amava la creatività e l'espressività della sua professione.

La maternità le diede la gioia di due figlie adorabili ma fu anche l'inizio improvviso di una grave forma di insonnia che l'ha obbligata a un prematuro ritiro dalle scene. Da qui nasce il viaggio interiore di Antoinetta: ricercando la causa dell'insonnia che l'ha afflitta per più di venticinque anni.

Antoinetta arrivò a introspezioni sempre più approfondite fino a registrare i propri pensieri e le proprie sensazioni, procedimento, questo, che le permise di identificare differenti modelli comportamentali e, infine, di ideare la Teoria del Senso di Sé.

La missione di Antoinetta è rendere ognuno di noi consapevole di quanto un Sano Senso di Sé possa essere un elemento cruciale sia nella vita dell'individuo che per il mondo intero (Pace!).

Antoinetta ha vissuto in Olanda fino al 1995 quando, insieme alla sua famiglia, si trasferì negli Stati Uniti d'America, a Ithaca, NY. In seguito si spostò a Seattle, sua base di lavoro da oltre un decennio.

Attraverso la sua società, la HEALTHYSENSEOFSELF®, Antoinetta mette a disposizione le domande e le tecniche necessarie a ristabilire il proprio Senso di Sé.

"Un Sano Senso di Sé è la spina dorsale della psiche umana.
Senza di esso una persona spreca la propria vita".

Per approfondire il Metodo di Antoinetta Vogels

Informazioni sul Metodo del Senso di Sé

Un Sano Senso di Sé è la percezione che ti permette di essere una persona distinta dalle altre. Con un Sano Senso di Sé puoi esprimere liberamente te stesso: un essere umano unico! Inoltre, ti consente di diventare sempre più indipendente, in tutte le fasi del tuo sviluppo. Il Senso di Sé viene sì nutrito e coltivato sin dalla nascita, ma si riesce a raggiungere solo quando gli educatori, che si sono presi cura di te nella prima infanzia, ti vedono e riconoscono quale essere autonomo, anziché considerarti (seppur inconsapevolmente) un'estensione di sé stessi se non addirittura un peso. Un Sano Senso di Sé è la base indispensabile per vivere una vita autentica, priva di vergogna, rimpianti o ansia, al contrario, invece, di una vita basata su una dipendenza da approvazione.

Il Metodo del Senso di Sé è un programma di auto-aiuto che ti permette di determinare se hai, oppure no, un Sano Senso di Sé e, nel caso questo manchi, ti aiuta a costruire un Senso di Sé ristabilito. Ristabilire il tuo Senso di Sé ti porterà a vivere meglio, come se possedessi un Senso di Sé naturale. Come chi dispone di un Sano Senso di Sé, infatti, anche tu riuscirai a sviluppare un maggior senso di pace interiore, ad avere più vitalità, a instaurare relazioni migliori e a incrementare in modo significativo la qualità generale della tua vita.

Visione

La nostra azienda è impegnata a fornire strategie e approfondimenti che contribuiscano ad aumentare in modo significativo la qualità della vita dell'individuo e, come obiettivo a lungo termine, del mondo in generale. Il Metodo del Senso di Sé aiuta ad aumentare o ripristinare nell'individuo un Sano Senso di Sé, il che porta immediatamente a migliorare la salute, la produttività, il successo, il benessere e la pace. La società HealthySenseofSelf® (HySoS, con franchising nei Paesi Bassi e in Italia) è impegnata a diffondere questo messaggio in modi sempre diversi, efficaci e rivolti a un numero sempre maggiore di individui e gruppi così che gli effetti del Metodo possano contribuire in modo significativo alla diffusione di una forma di esistenza pienamente vitale e autentica.

Dichiarazione d'intenti

Crediamo che il mondo possa essere un luoho migliore e Healty Sense of Self contribuisce a questa visione sviluppando e fornendo istruzione ed esercizi per rendere il nostro Senso di Sé sempre più sano. I nostri metodi educativi offrono una serie di servizi tra cui, ma non solo: offrire informazioni a individui e gruppi sotto forma di conferenze, teleconferenze, seminari e teleseminari, webinar online, discorsi e presentazioni educative, podcast, video, apparizioni radiofoniche e televisive, articoli su giornali e riviste, newsletter, *Ezine* (la nostra rivista online).

Il nostro sogno più grande è una fondazione HySoS che comprenda strutture terapeutiche ed educative, con franchising nazionali e internazionali. HySoS si impegna ad aiutare le persone a (ri)allinearsi con chi sono veramente, rafforzando o ripristinando il loro Senso di Sé. Pertanto, lavoriamo in modo specifico con genitori, insegnanti, formatori di insegnanti, sacerdoti e altre figure che abbiano influenza su un gran numero di persone, perché vogliamo orientare gli educatori a ottenere il massimo impatto sul mondo.

Vogliamo essere sia un'azienda che una famiglia, fornendo così a molte persone ciò che manca nella loro vita: uno scopo.

ABSTRACT

Introduzione

L'insonnia, come molti altri disagi mentali, emotivi e fisici, fa parte di una vasta gamma di sofferenze umane che condividono una causa principale: un Senso di Sé assente. Al contrario, con un Senso di Sé ristabilito, è possibile abbattere molti, se non tutti, gli aspetti che portano a un cattivo stato di salute o a una mancanza di benessere.

Nel mio caso fu proprio l'insonnia, che si manifestò subito dopo la nascita della mia primogenita, nel 1985, quando ripresi a lavorare come fagottista nell'Orchestra Filarmonica di Amsterdam, il motivo per cui cominciai a indagare le cause alla base di questa mia improvvisa condizione di disagio.

Ho quindi sviluppato un metodo per aiutare le persone a ripristinare il proprio Senso di Sé, riconoscere la loro vera Motivazione e comprendere che fare, o evitare di fare qualcosa, spesso non c'entrano nulla con chi si è veramente e con ciò che si vorrebbe davvero per sé stessi.

I risultati dei miei studi hanno dato origine a diversi libri tradotti in tre lingue e a un corso online sul Metodo del Senso di Sé. Chiedersi: "PERCHÉ faccio QUELLO che faccio?" oppure "PERCHÉ evito di fare, spesso a tutti i costi, certe cose?" ci aiuta ad analizzare i retroscena della nostra motivazione; ci fa vedere con più nitidezza cosa ci spinge verso quel comportamento, e ci fa arrivare alla conclusione che essere così estraniati dal proprio Sé autentico potrebbe essere la causa che ha portato ai sintomi della malattia che si sta vivendo.

L'intenzione di questo abstract è di invitare i professionisti di formazione accademica, in particolare gli psicologi, a indagare sulla validità del mio approccio e, se ritenuto pertinente, ad adottare misure per testare le mie conclusioni conducendo studi su scala più ampia.

Il problema

All'epoca in cui cercavo un aiuto non era disponibile, in campo medico, alcuna cura efficace per l'insonnia. Ho dovuto, di conseguenza, prendere in mano la situazione; il mio obiettivo era porre fine all'insonnia, ripristinare il mio benessere e rimettere in sesto la mia vita.

Durante questo processo ho notato che in me esistevano una serie di altri problemi: rabbia, paura delle mie stesse emozioni, necessità di manipolare gli altri per ottenerne benefici, controllo ossessivo delle circostanze, mancanza di momenti spontanei di felicità e un comportamento maniacale in ambito lavorativo.

Attraverso una profonda esplorazione delle reazioni mentali ed emotive inconsciamente motivate, ho concluso che erano tutte guidate da un unico fattore: l'urgente necessità di compensare la mancanza di un Sano Senso di Sé.

Questa scoperta mi ha portato alla conclusione che una miriade di altri problemi potrebbero essere collegati a questa causa: difficoltà nell'educazione dei figli, problemi di relazione, insonnia, ansia e depressione, problemi di gestione della rabbia, problemi di peso e disordini alimentari, dipendenza, violenza domestica, paura del fallimento, ansia da prestazione, solitudine, mancanza di empatia e compassione, incapacità di lavorare all'interno di gruppi, sia sul lavoro che nella vita in generale.

Tendo a supporre che anche altre patologie, quali l'Alzheimer e altre forme di demenza, fibromialgia, disturbi bipolari, ADHD (Disturbo da Deficit di Attenzione/Iperattività) possano avere origine nella mancanza di un Sano Senso di Sé.

Il metodo

Pur non possedendo una formazione accademica in ambito psicologico, posso però considerarmi un'esperta "fai da te" della Motivazione.

Il mio metodo ha raccolto e analizzato le mie diverse esperienze, basandosi su un costante lavoro di introspezione applicato a oltre 30 anni di registrazioni e revisioni dei miei pensieri, dei miei sentimenti e delle mie scoperte (dal 1995 a oggi). Calarmi così a fondo dentro me stessa mi ha fornito gli strumenti necessari per poter mappare i miei processi interiori e trarre conclusioni coerenti. Pormi la domanda: "PERCHÉ faccio QUELLO che faccio?" ed essere brutalmente onesta con me stessa è stato determinante in questo approccio.

Osservare gli altri, per scoprire quale fosse la parte essenziale che in me sembrava mancante e in loro presente, mi ha aiutato a giungere alle personali conclusioni riguardo agli effetti che il Senso di Sé, o la sua assenza, hanno sul comportamento.

I risultati

Come detto sopra, ho rilevato che i vari disturbi che sperimentavo avevano una causa comune: un Senso di Sé assente. Il Senso di Sé assente deriva da un Mirroring inadeguato nel bambino causato dai suoi educatori. Quando, durante l'infanzia, l'educatore, spesso suo malgrado, impedisce lo sviluppo di un Sano Senso di Sé nel bambino, lo rende dipendente dall'approvazione esterna. Guadagnarsi il sorriso del genitore provoca nel piccolo la sensazione di "Sentirsi bene con sé stessi", fornisce un fugace momento di dignità, che viene però scambiato per un Senso di Sé. Questo ciclo di dipendenza dall'approvazione altrui sostituisce la connessione con il Sé autentico (Senso di Sé sostitutivo).

Conseguenza dell'urgenza di colmare questo vuoto è lo sviluppo della necessità di funzionare alla perfezione; una persona con un Senso di Sé assente tende a utilizzare condizioni autoimposte per convincere il suo educatore di essere degno della sua attenzione. Queste condizioni variano individualmente in quanto si basano su ciò che si apprende durante l'infanzia.

La dipendenza dall'approvazione, se non affrontata, viene mantenuta anche in età adulta e porta a una quantità enorme di stress che può provocare una miriade di malesseri mentali, emotivi e fisici.

Il Metodo del Senso di Sé, attraverso l'introspezione guidata, offre la visione delle conseguenze devastanti ottenute quando le motivazioni sono orientate verso l'acquisizione di un Senso di Sé sostitutivo. Fornisce inoltre esercizi di consapevolezza del corpo, visualizzazioni creative e affermazioni positive come mezzi per ripristinare il Senso di Sé .

Conclusioni

Quali sono le implicazioni di questa scoperta? Ripristinare il proprio Senso di Sé è la risposta alla serie in apparenza non correlata di problemi causati da un Senso di Sé assente. Nel momento in cui l'attenzione si sposta dalla compulsione a ottenere l'approvazione altrui alla possibilità di sperimentare un auto accettazione incondizionata, molti dei sintomi scompariranno naturalmente.

Da questo approccio derivano numerosi vantaggi, perché consente alla maggior parte delle persone di risolvere i propri problemi in maniera autonoma; ciò si traduce in un minor numero di visite ambulatoriali e, di conseguenza, in minori costi sanitari.

Gli effetti immediati di un ritrovato Senso di Sé sono: meno stress, migliore salute e benessere, migliore qualità della vita e maggior autorealizzazione oltre che portare a un'educazione dei figli più responsabile e adeguata. Questi cambiamenti positivi si riflettono anche in un minor numero di assenze dal lavoro o da scuola e in un maggiore senso di soddisfazione personale.

Spero che, con il tempo, conclusioni più ufficiali e scientificamente fondate consentano l'implementazione del principio del Senso di Sé nelle varie tecniche di guarigione.

È il mio sogno mettere a disposizione la consulenza del Sano Senso di Sé in contesti educativi, dalle scuole elementari alle università e altri istituti di formazione professionale.

Immagino che il mio approccio possa, nella migliore delle ipotesi, essere considerato un ampio caso di studio. Tuttavia, non spetta a me trarre conclusioni; semplicemente considero immorale non condividere informazioni che potrebbero essere potenzialmente utili al bene di tutti.

Altri prodotti Sano Senso di Sé

TESTI IN ITALIANO:

- *Sano Senso di Sé - Come liberarti dalla dipendenza d'approvazione*

TESTI IN INGLESE:

- *Healthy Sense of Self - How to be true to your Self and make your world a better place*

- *The Sense of Self Help! Workbook*

- *The Motivation Cure - The secret to being your best Self*

- *A Guided Journal to a Healthy Sense of Self: Thoughts to Inspire Peace Within and Around the World*

- *How to overcome insomnia all by yourself*

Corso online (in lingua inglese):

- *Online Course: Introducing the Sense of Self Method*

Testi in olandese:

- *Gezond Zelf-Gevoel: Dé Methode om het beste uit Jezelf te halen*

- *Werkboek voor de Zelf-Gevoel Methode (gebaseerd op de onlinecursus maar ook onafhankelijk te gebruiken)*

- *Het Gezond Zelf-Gevoel Dagboekje - Een inspiratiebron voor persoonlijke en wereldvrede*

- *Slapeloosheid - Hoe kom je er vanaf?*

Corso online (in lingua olandese):

- *Online Cursus: de Zelf-Gevoel Methode*

Contatti:

Italia:

- Email: info@sanosensodise.it

USA:

- Email: contact@healthysenseofself.com

Paesi Bassi:

- Email: info@gezondzelfgevoel.nl

Sito web Italia:

http://www.sanosensodise.it

Sito web USA:

www.HealthySenseOfSelf.com

Sito web Paesi Bassi:

http://www.Gezondzelfgevoel.nl

Facebook Italia:

http://www.Facebook.com/SanoSensodiSe

Instagram Italia

https://www.instagram.com/sanosensodise/?hl=it

Facebook USA:

http://www.facebook.com/Healthysenseofself

Facebook Paesi Bassi:

http://www.Facebook.com/GezondZelfGevoel

Instagram USA:

www.instagram.com/Healthysenseofself

Instagram Paesi Bassi:

www.instagram.com/gezondzelfgevoel_nl

Twitter USA:

https://twitter.com/healthysos

Linkedin USA:

http://www.linkedin.com/in/annetvogels

Printed in the United States
by Baker & Taylor Publisher Services